APPRIVOISER SON OMBRE

LE CÔTÉ
MAL AIMÉ
DE SOI

Jean
MONBOURQUETTE

APPRIVOISER
SON OMBRE

LE CÔTÉ
MAL AIMÉ
DE SOI

NOUVELLE
ÉDITION

NOVALIS / BAYARD

Apprivoiser son ombre
est publié par Novalis.

Couverture (Canada): Mardigrafe inc. d'après une maquette originale de De Pasquier inc.
Photographie de l'auteur: Laforest Sabourin.
Éditique: Robert Vienneau, Suzanne Latourelle.
Illustrations (p. 81-82): Rudiger Dahlke et Katharina von Martius, tirées de *Mandalas of the World. A Meditating and Painting Guide*, New York, Sterling Publishing Co., 1992 (traduction de: *Mandalas der Welt: Ein Meditations – Und Malbuch*, München, Heinrich Hugendubel).

© Novalis, Université Saint-Paul, Ottawa, 2001
Dépôts légaux: 1er trimestre 2001
      Bibliothèque nationale du Canada
      Bibliothèque nationale du Québec
      Bibliothèque nationale de France

Novalis, C. P. 990, succursale Delorimier, Montréal (Québec) H2H 2T1

Nous reconnaissons l'aide financière du gouvernement du Canada par l'entremise du Programme d'aide au développement de l'industrie de l'édition (PADIÉ) pour nos activités d'édition.

ISBN 2-89507-146-2 (Novalis)
ISBN 2-22743-904-1 (Bayard Éditions)

Imprimé au Canada

Réimpression 2003

Note: dans ce texte, le masculin est utilisé de façon neutre et non discriminatoire.

Données de catalogage avant publication (Canada)

Monbourquette, Jean
    Apprivoiser son ombre: le côté mal aimé de soi

    Nouv. éd.
    Comprend des réf. bibliogr.
    Publ. en collab. avec : Bayard.

    ISBN 2-89507-146-2 (Novalis)
    ISBN 2-22743-904-1 (Bayard)

    1. Ombre (Psychanalyse). 2. Actualisation de soi. 3. Présentation de soi. 4. Connaissance de soi. 5. Persona (Psychanalyse). 6. Vie spirituelle. I. Titre.

BF175.5.S55M66 2001   155.2   C00-941867-5

NOVALIS / BAYARD

Sommaire

Présentation

La richesse de la notion d'ombre a été peu exploitée dans les pays francophones. Elle y est en effet peu connue et intriguera probablement le lecteur. Les anglo-saxons, à qui l'œuvre de C. G. Jung est plus familière, ont pourtant su la mettre à profit. C'est précisément au cours de mon étude sur la psychologie analytique de cet auteur, dans les années 1970, qu'est né mon intérêt pour cette question. Il a été ravivé lors d'un atelier conduit par le penseur et poète américain Robert Bly et intitulé *Manger son ombre*. Depuis, mon intérêt pour ce sujet s'est renforcé. J'ai constaté combien l'exploration du concept de l'ombre pouvait favoriser ma croissance personnelle et celle de mes clients.

Au cours de conférences et d'ateliers sur ce thème, il m'a été donné de partager, avec de larges publics, mon enthousiasme pour l'utilité de cette notion. Plusieurs, désireux d'approfondir leurs connaissances sur le sujet, m'ont demandé des références. Malheureusement, il existe très peu d'ouvrages sur l'ombre en français, alors qu'il s'en publie un grand nombre en anglais. Pour combler cette lacune, je me suis décidé à écrire le fruit de mes recherches et de mes réflexions sur le sujet.

Mon ombre est-elle mon ennemie ou mon amie? Tout dépendra de ma manière de la considérer et d'interagir avec elle. Au départ, elle m'apparaîtra comme une ennemie. Le défi que ce livre veut aider à relever est de m'en faire peu à peu une amie. D'où le titre: *Apprivoiser son ombre*.

7

Comme vous pourrez le constater, chaque chapitre s'ouvre par une histoire permettant au lecteur d'avoir une compréhension intuitive du développement qui suit. Dans la mesure du possible, les considérations théoriques sont étayées d'exemples vécus. Certains chapitres (les cinquième et sixième) contiennent des exercices invitant le lecteur à devenir l'acteur de sa propre croissance.

J'ai fait appel à deux collaborateurs pour réaliser ce livre et je tiens à les remercier pour leur appui. Jacques Croteau, mon collègue et ami, s'est prêté encore une fois avec générosité à l'amélioration du style et à la critique de certains points. Son travail minutieux de correcteur ainsi que son ardeur à relever les ambiguïtés ont beaucoup contribué à relever la qualité de l'écriture. Pauline Vertefeuille, journaliste, m'a servi de public. Ses réactions spontanées et ses remarques judicieuses sur l'ordonnance de certaines parties ont aidé à améliorer la clarté du texte.

Premier chapitre

L'ombre, un trésor inexploré et inexploité

Ce n'est pas en regardant la lumière
qu'on devient lumineux,
mais en plongeant dans son obscurité.
Mais ce travail est souvent désagréable,
donc impopulaire.

Carl G. Jung

L'amour de l'ennemi en moi

Un jour de sabbat, le fils d'un rabbin alla prier dans une autre synagogue que celle de son père. À son retour, le rabbin lui demanda: «Eh bien, as-tu appris quelque chose de nouveau?» Et le fils de répondre: «Oui, bien sûr!» Le père, un peu vexé dans sa fierté de rabbin, reprit: «Alors, qu'est-ce donc qu'ils enseignent là-bas? – Aime ton ennemi!» dit le fils. Le père s'empressa de répliquer: «Ils prêchent la même chose que moi. Comment peux-tu prétendre avoir appris quelque chose de nouveau?» Le fils répondit: «Ils m'ont appris à aimer l'ennemi qui habite en moi, alors que je m'acharne à le combattre.»

A. Qu'est-ce que l'ombre?

Je vous convie, dans le présent ouvrage, à une grande aventure: faire la rencontre de votre ombre. L'ombre de la personnalité est une réalité mystérieuse qui intrigue et qui, parfois, fait peur. Est-elle amie ou ennemie? Cela dépend de notre manière de la considérer et d'interagir avec elle.

Qu'est-ce que l'ombre, au juste? La réponse à cette question sera dévoilée au fil des chapitres de ce livre. Essayons tout de même, d'entrée de jeu, de jeter un peu de lumière sur cette dimension évanescente de l'être. L'ombre, c'est tout ce que nous avons refoulé dans l'inconscient par crainte d'être rejetés par les personnes qui ont joué un rôle déterminant dans notre éducation. Nous avons eu peur de perdre leur affection en les décevant ou en créant un malaise par certains de nos comportements ou certains aspects de notre personnalité. Nous avons tôt fait de discerner ce qui était acceptable à leurs yeux et ce qui ne l'était pas. Alors, pour leur plaire, nous nous sommes empressés de reléguer de larges portions de nous-mêmes aux oubliettes de l'inconscient. Nous avons tout mis en œuvre pour esquiver la moindre désapprobation verbale ou tacite de la part des personnes que nous aimions ou dont nous dépendions.

Sensibles à l'appréciation des autres, nous nous sommes montrés gentils, polis, corrects. Et pour ce faire, nous avons dû refouler tout ce qui pouvait paraître déviant, honteux ou répréhensible. Par besoin de reconnaissance, nous nous sommes conformés aux exigences, aux règles et aux lois de notre milieu. Et nous nous sommes évertués à camoufler ce qui semblait lui déplaire ou le choquer.

Nous avons tenu compte du fait que, dans certains milieux, être serviable était bien vu tandis que penser à soi était considéré comme une attitude égoïste. Obéir était valorisé, mais s'affirmer ne l'était pas du tout. Être doux passait, mais se fâcher dérangeait; dissimuler tout penchant sexuel était bien reçu, mais en manifester un tant soit peu était réprouvé, etc.

Peu à peu, il s'est construit au fond de nous-mêmes un vaste monde souterrain fait de répressions et de refoulements accumulés au fil des années. Nous nous sommes finalement retrouvés assis sur une sorte de volcan psychique qui menaçait d'entrer en éruption à tout moment. Cette énergie psychique compressée, mais toujours vivante et active, nous l'appelons **l'ombre**. «L'ombre, c'est cet obscur trésor fait d'éléments infantiles de l'être, de ses attachements, de ses symptômes névrotiques, enfin de ses talents et de ses dons non développés. Elle assure le contact avec les profondeurs cachées de son âme, avec la vie, la vitalité et la créativité[1].»

Loin d'être stérile ou inactive, cette entité sauvage et inculte de notre être exige sans cesse d'être reconnue et exploitée. Malheur à ceux qui continuent d'en ignorer l'existence! À la façon d'un torrent tumultueux, elle forcera, un jour, la porte d'entrée du conscient et elle l'envahira. Au contraire, si nous lui faisons bon accueil, elle se laissera apprivoiser et elle nous révélera toute sa richesse. Voici donc en quoi consiste le travail d'apprivoisement de son ombre: il s'agit de réintégrer dans la zone du

---

1   Liliane FREY-ROHN, dans C. ZWEIG et J. ABRAMS (éd.), *Meeting the Shadow: The Hidden Power of the Dark Side of Human Nature*, Los Angeles, Jeremy P. Tarcher, 1991, p. xvii.

conscient les éléments occultés de son être et de se les réapproprier afin d'atteindre l'épanouissement le plus complet de sa personne.

Il est surtout important de travailler à la réintégration de son ombre, tant pour la croissance psychologique et sociale que pour le développement moral et spirituel.

B. Travailler sur son ombre pour une saine croissance

L'ombre et la connaissance de soi

Sans la connaissance de son ombre, impossible en effet de bien se connaître! Le travail personnel qu'on effectue sur son ombre constitue une condition essentielle pour qui souhaite devenir une personne équilibrée et entière. Sa reconnaissance et sa réintégration permettent de récupérer des parties de soi qu'on a refoulées par crainte de rejet social. Au cours de son développement, il arrive que l'on ressente de la honte ou de la peur vis-à-vis de sentiments ou d'émotions, de qualités, de talents ou d'aptitudes, d'intérêts, d'idées ou d'attitudes, de peur qu'ils soient mal appréciés dans son milieu. On a alors tendance à les refouler et à les reléguer dans les dédales de l'inconscient. Or, ces éléments mal aimés de soi, même une fois refoulés, survivent et cherchent à s'affirmer. Si leur propriétaire n'en reconnaît pas l'existence, ils se retourneront contre lui, lui feront peur et lui créeront de sérieux ennuis d'ordre psychologique et social.

Faire émerger les ressources inexploitées de son être, aussi menaçant que cela puisse paraître, permettra de se les approprier et de les réintégrer. On remplira ainsi la première condition de tout développement humain: «Connais-toi toi-même», célèbre précepte inscrit au portail du temple de Delphes.

L'ombre et l'estime de soi

Faire la paix avec son ombre et se lier d'amitié avec elle constitue la condition fondamentale d'une authentique estime de soi. Car comment pourrait-on s'aimer et avoir confiance en soi si une partie de soi, son ombre, est ignorée et agit contre ses propres intérêts? Je suis étonné de constater que les ouvrages actuels sur l'estime de soi ne s'intéressent pas davantage aux effets désastreux d'une ombre laissée à l'état sauvage, car celle-ci devient une source importante de mésestime de soi et d'autrui.

Carl Jung rappelle que le psychisme humain est le lieu de luttes intimes: «On le sait, les drames les plus émouvants et les plus étranges ne se jouent pas au théâtre, mais dans le cœur d'hommes et de femmes ordinaires. Ceux-ci vivent sans attirer l'attention et ne trahissent en rien les conflits qui font rage en eux, à moins qu'ils ne deviennent victimes d'une dépression dont ils ignorent eux-mêmes la cause[2].»

On ne peut donc pas se permettre de faire l'économie de la réintégration de son ombre. Qui refuse ce travail sur lui-même

---

2   C. G. JUNG, *Psychology and Religion: West and East* (Collected Works, 7), Bollingen Series, Princeton University Press, 1938, p. 528.

s'exposera à des déséquilibres psychologiques. Il aura tendance à se sentir stressé et déprimé, tourmenté par un sentiment diffus d'angoisse, d'insatisfaction de lui-même et de culpabilité; il sera sujet à toutes sortes d'obsessions et susceptible de se laisser emporter par ses impulsions: jalousie, colère mal gérée, ressentiment, inconduites sexuelles, gourmandise, etc.

Parmi les dépendances les plus communes, mentionnons l'alcoolisme et la toxicomanie qui font tant de ravages dans nos sociétés modernes. Sam Naifeh, dans un excellent article sur les causes de la dépendance, affirme: «La dépendance est un problème de l'ombre[3].» En effet, l'attrait compulsif pour l'alcool et les drogues provient de la recherche incohérente du côté ombrageux de son être. On a beau accuser les substances toxiques d'être la cause de déchéances humaines, en vérité, elles n'en sont que la cause indirecte en permettant à leur utilisateur de franchir les limites du conscient. Ainsi, pour un moment, l'utilisateur peut s'identifier au côté sombre de lui-même qui l'obsède constamment. La partie sobre de l'alcoolique se trouve dans une constante insatisfaction tant qu'elle n'a pas retrouvé la partie alcoolique cachée dans l'ombre.

L'ombre et la créativité

L'écrivain Julien Green, faisant allusion à l'activité de son ombre, notait: «Il y a quelqu'un qui écrit mes livres que je ne connais pas, mais que je voudrais connaître.» Le travail patient et

---

3   S. NAIFEH, «Archetypal Foundations of Addiction and Recovery», dans *Journal of Analytical Psychology*, 40 (1995), p. 148.

intelligent de l'apprivoisement de son ombre mettra au jour d'immenses potentialités restées enfouies à l'état sauvage dans l'inconscient. Leur actualisation produira un surcroît de vitalité en même temps qu'elle stimulera la créativité dans toutes les dimensions de la vie.

C. Apprivoiser son ombre pour avoir de saines relations sociales

Perturbations causées par la projection de l'ombre

Si l'ombre n'est pas reconnue et accueillie, non seulement créera-t-elle des obsessions, mais elle forcera l'entrée dans le conscient sous forme de projections sur autrui. Disons dès maintenant quelques mots du phénomène de la projection de l'ombre qui sera développé plus amplement dans le sixième chapitre.

Quels sont les effets de la projection de l'ombre sur l'entourage social? Une personne aux prises avec une projection de son ombre verra sa perception du réel perturbée. Les traits ou qualités qu'elle aura refusé de voir en elle seront attribués à d'autres, comme si elle leur mettait des masques. Elle aura alors tendance soit à idéaliser les porteurs de ses projections, soit à les mépriser ou à en avoir peur. Bref, le «projecteur» en arrivera à avoir lui-même peur des projections de son ombre. Il la verra se profiler sur des êtres qui, à ses yeux, deviendront fascinants ou menaçants, comme autant de miroirs déformants. Dans le chapitre consacré à la projection de l'ombre, nous examinerons ses effets tant dans l'amour passionnel que dans les relations de travail.

Quand de tels phénomènes surviennent dans les relations sociales, il faut s'attendre à des conflits. Par une curieuse réverbération, les projections se réfléchissent sur le «projecteur» lui-même et le hantent. Il tombe sous la fascination ou la répulsion de sa propre ombre. À l'instar d'un boxeur qui s'entraîne en essayant de frapper son ombre, il sera condamné à exécuter un continuel et épuisant exercice de *shadow boxing*[4].

Résolution des conflits créés par la projection de l'ombre

Si quelqu'un projette ses propres défauts ou faiblesses sur un autre, comment imaginer qu'il puisse tolérer, voire aimer cet autre, qu'il soit son patron, son voisin, son conjoint, son enfant? Ce prochain l'énervera et le hantera. Nous touchons ici à l'origine de la plupart des conflits interpersonnels, des épuisements professionnels, sujets que nous aborderons dans les prochains chapitres.

La connaissance des jeux, reflets et effets de l'ombre est donc un atout précieux pour les médiateurs chargés d'arbitrer ce genre de conflits. Elle les habilite d'abord à détecter les projections réciproques que les antagonistes font de leur ombre respective et, ensuite, à se les réapproprier. Aucune autre technique classique de résolution de problème ne s'est avérée apte à régler ce type de conflit. De fait, l'imbroglio créé par les projections mutuelles des deux adversaires ne peut être démêlé autrement.

---

4   Exercice de boxe simulée avec son ombre.

C'est pourquoi de plus en plus, dans les cours de relations humaines, on expose la théorie de l'ombre afin d'informer les participants de l'effet pervers des projections. Par exemple, on formera des patrons et des gestionnaires d'entreprise à prendre conscience de leur ombre et des effets de leurs projections sur leurs employés. Ainsi, les directeurs évitent d'être des fomenteurs de troubles au sein de leur propre organisation[5]. De même, pour faciliter la bonne marche d'une entreprise, certains conseillers en relations humaines s'appliquent à faire découvrir l'ombre de l'organisation elle-même afin de mettre au jour les facteurs de désordre[6].

Remarquons en passant que les conseillers conjugaux sont continuellement aux prises avec ce genre de conflit suscité par les projections mutuelles des conjoints.

Pour Carl Jung, non seulement la prise de conscience de ses projections sur autrui ainsi que leur retrait en soi produit une amélioration des relations interpersonnelles, mais elle a un effet bienfaisant sur toute la société. D'après Jung, l'homme qui s'efforce d'être en accord avec son ombre au point de réintégrer ses projections, fait œuvre utile pour le monde: «Si infime que cela puisse paraître, il réussit à trouver des solutions aux problèmes énormes et insurmontables de notre temps[7].»

---

5   G. EGAN, *Working the Shadow Side: A Guide to Positive Behind-the-Scenes Management*, San Francisco, Jossey-Bass, 1994.

6   M. BOWLES, «The Organization Shadow», dans *Organization Studies*, 12 (3), 1991, p. 387-404.

7   JUNG, *Psychology and Religion*, p. 140.

D. Importance du travail de réintégration de son ombre pour le développement de la vie morale

D'une morale centrée sur la loi à une morale de la conscience

Le travail psychologique de réintégration de l'ombre a une influence directe sur la formation de la conscience morale et y joue un rôle indispensable. Carl Jung ira jusqu'à déclarer: «L'ombre est un problème moral qui met au défi l'ensemble de l'ego de la personnalité. Car personne ne peut devenir conscient de l'ombre sans déployer un effort moral considérable. En devenir conscient implique de reconnaître présents et actuels les côtés sombres de sa personne[8].»

Dans *Depth Psychology and a New Ethic*, Erich Neumann, un des grands disciples de Jung, s'est appliqué à montrer l'importance du travail psychologique dans la formation de la conscience morale. Au départ, celle-ci est surtout une simple obéissance à des règles et à des codes moraux transmis par la famille et par la communauté. Toute louable que soit cette première phase, on doit chercher à la dépasser. Car les impératifs moraux d'une famille ou d'une société favorisent certains comportements au détriment de d'autres. Comparons, par exemple, les valeurs privilégiées dans une société amérindienne avec celles qui le sont

---

8   C. G. JUNG, *Aion* (Collected Works, 9, Part II), Bollingen Series, Princeton University Press, 1951, p. 14.

19

dans une société capitaliste. Chez les Amérindiens, les valeurs communautaires ont une grande importance, au détriment des valeurs individuelles; dans nos sociétés capitalistes, l'esprit individualiste est prôné, alors que l'esprit communautaire ne l'est presque pas.

Les codes moraux d'une culture déterminent ce qui est permis et ce qui est interdit. Pour s'y conformer, la personne est amenée à refouler certaines qualités morales que le milieu considère comme peu importantes et parfois inacceptables. Si elle n'apprend pas à se libérer de certains conditionnements imposés par une culture donnée, elle risque fort de laisser inexploité tout un ensemble de valeurs négligées par son milieu. C'est pourquoi une éthique fondée sur une conception aussi arbitraire et partielle du bien et du mal ne peut qu'entraver la formation d'une véritable conscience morale.

Un comportement formé à partir de visions morales étriquées créera une ombre correspondante. Celle-ci cherchera à se manifester par des obsessions et des scrupules alors qu'à d'autres moments, elle sera projetée sur les autres sous forme de préjugés moraux rigides, comme nous le verrons par la suite.

La morale de la loi et la création de «boucs émissaires»

Erich Neumann considère qu'une éthique uniquement préoccupée de déterminer ce qui est bien et ce qui est mal est déficiente, car elle n'aide pas la personne à découvrir en elle-même les racines du mal et à se donner les moyens de le supprimer. En opposition à cette éthique qu'il nomme *The Old Ethic*, Neumann en propose une nouvelle — *The New Ethic* — pour laquelle l'essentiel de la formation de la conscience morale consiste avant tout à opérer la réintégration de son ombre. Il voit dans ce travail psychospirituel un élément déterminant pour la formation d'une véritable conscience morale. Loin de projeter sur les autres les tendances désordonnées de son ombre, le nouvel être moral les reconnaît en lui-même, en assume la responsabilité, puis les réintègre dans une vie morale cohérente.

The Old Ethic conduit éventuellement à créer une mentalité de bouc émissaire, mentalité qui se manifestera d'abord sur le plan de la vie personnelle comme une source d'antipathies et de conflits de nature relationnelle. Par ailleurs, elle risque de prendre des proportions gigantesques transposée à l'échelle nationale. L'ombre, à ce niveau, aura tendance à diaboliser les nations voisines et, par la suite, à se donner la mission de les détruire. N'est-ce pas là l'origine de nombreux conflits armés dans l'histoire? Selon la même logique, les étrangers, les minorités et les gens «différents» seront davantage la cible de projections et deviendront éventuellement des boucs émissaires. Pour Neumann, seule une nouvelle éthique permettra aux nations de reconnaître leurs propres tendances perverses au lieu de les projeter. Faut-il rappeler ici que les projections de l'ombre collective ne sont pas inoffensives, mais qu'elles peuvent engendrer des persécutions et des hécatombes, comme l'extermination des juifs par les nazis?

E. Réintégrer son ombre en vue d'assurer sa croissance spirituelle

Plus que jamais, il est urgent de trouver une psychologie de l'âme saine et solide, apte à favoriser le développement d'une vie spirituelle authentique. La psychologie analytique créée par Carl Jung, qui était lui-même un grand spirituel, peut y contribuer. Elle fournit en effet les moyens de faire le «discernement des esprits», qui n'est pas étranger au discernement de l'ombre et des «esprits» qui l'habitent. C'est faute d'avoir pratiqué ce discernement que de nombreux «professionnels» du spirituel ont eux-mêmes adopté des comportements déviants tant sur le plan moral que spirituel. Pensons aux déviations récemment dévoilées de certains fondateurs de sectes, de prêtres, de pasteurs, d'accompagnateurs spirituels.

Deux périodes de l'existence s'avèrent sensibles au développement de l'ombre: le début de la vie spirituelle et le milieu de la vie. Ces périodes ont «une valeur et une portée initiatiques pour la construction de son identité personnelle et sociale, pour sa propre inscription dans la société et aussi pour définir certains rapports aux autres»[9]. Nous examinerons de façon plus approfondie dans le dernier chapitre de cet ouvrage le lien entre la réintégration de l'ombre et la vie spirituelle. Disons déjà quelques mots de ces périodes importantes.

---

9   J. GRAND'MAISON, L. BARONI et J. GAUTHIER, *Les défis des générations: enjeux sociaux et religieux du Québec d'aujourd'hui* (Cahiers d'études pastorales 15), Saint-Laurent (Québec), Fides, 1995, p. 360.

La vie spirituelle du novice

Un jour, des disciples demandèrent à leur maître quelle voie ils devaient prendre pour entrer résolument dans la vie spirituelle. Celui-ci leur répondit: «Apprenez d'abord à surmonter vos peurs.» Paroles de grande sagesse! En effet, la première tâche du novice est d'examiner ses défauts, ses peurs, ses répugnances et ses antipathies. Carl Jung l'avait déjà conseillé: «Trouvez ce dont une personne a le plus peur et vous saurez de quoi sera faite sa prochaine étape de croissance.»

Sans une véritable et profonde acceptation de soi-même, la vie spirituelle repose sur des bases psychologiques piégées et n'est que fuite dans un monde illusoire. L'humble connaissance de soi n'est-elle pas la condition primordiale de toute vraie spiritualité?

La vie spirituelle au milieu de l'existence

Pour décrire la situation des gens arrivés au milieu de leur existence, l'anthropologue et mythologue Joseph Campbell utilise la métaphore suivante: «Pendant les trente-cinq ou quarante premières années de notre vie, nous nous sommes efforcés d'escalader une longue échelle en vue d'atteindre enfin le sommet d'un édifice; puis, une fois parvenus sur le toit, nous nous apercevons que nous nous sommes trompés d'édifice.»

À ce stade, on fait spontanément le bilan de ce que l'on a accompli. On se croit quelqu'un parce qu'on s'est fait une place dans la société. On revoit ses réalisations et ses affections passées, ses joies et ses tristesses, ses réussites et ses échecs, ses espoirs réalisés et ses rêves frustrés. Par ailleurs, rares sont ceux qui sont pleinement satisfaits d'eux-mêmes. On constate toujours dans sa vie des lacunes plus ou moins graves. Le spectre de la mort se fait plus présent. Certains s'efforcent alors de retrouver une nouvelle jeunesse. D'autres changent de carrière ou brisent leur mariage; d'autres encore se donnent un nouveau style de vie. Bref, au milieu de la vie, beaucoup de personnes voudraient tout recommencer.

C'est à ce moment-là qu'elles devront se poser la question: «Devrais-je me contenter de changer seulement l'extérieur de moi-même? Ne faudrait-il pas que je plonge d'abord à l'intérieur de moi?» La réponse est claire. Après avoir consacré des années de sa vie à se bâtir un ego important, à être un élément performant de la société, le défi de cet âge est d'explorer en soi un monde de possibilités en friche. La crise du milieu de la vie exige de soi l'exploitation du potentiel enfoui dans son ombre. Sans quoi l'atteinte de son plein développement spirituel s'en trouvera compromis.

Conclusion

Entrer en contact avec son ombre et en exploiter les richesses n'est pas de tout repos. Mais c'est une belle expérience pour qui veut travailler à la réintégration de son ombre. Cet ouvrage veut accompagner ceux et celles qui se laisseront tenter par l'aventure de leur pleine réalisation.

Deuxième chapitre

La conception jungienne de l'ombre

Oubliez votre profil ;
ce n'est plus à la mode.
Mais remarquez celui qui marche
près de vous
et dont vous ne croyez pas
à l'existence.

Antonio Machado

Le rêve de Carl Jung sur son ombre

J'ai fait un rêve qui m'a à la fois effrayé et encouragé. Il faisait nuit, et je me trouvais dans un endroit inconnu. J'avançais péniblement contre un vent puissant. Une brume dense recouvrait tout. Dans mes mains en forme de coupe, je tenais une faible lumière qui menaçait de s'éteindre à tout moment. Ma vie dépendait de cette faible lumière que je protégeais précieusement. Soudain, j'eus l'impression que quelque chose s'avançait derrière moi. Je regardai en arrière et j'aperçus la forme gigantesque d'un être qui me suivait. Mais, au même moment, je pris conscience qu'en dépit de ma terreur, je devais protéger ma lumière à travers les ténèbres et contre le vent. À mon réveil, je m'aperçus que la forme monstrueuse était mon ombre formée par la petite flamme que je tenais allumée au milieu de la tourmente. Je savais aussi que cette fragile lumière était ma conscience, la seule lumière que je possédais. Confrontée à la puissance des ténèbres, c'était une lumière, ma seule lumière[10].

---

10   C. G. JUNG, *Memories, Dreams, Reflections*, New York, Pantheon Books, 1963, p. 87-88.

La connaissance théorique de l'ombre, la voie obligée pour la rencontrer en soi-même

L'ombre ne se laisse pas détecter facilement. Un psychologue jungien affirmait qu'une personne qui n'aurait aucune idée de l'ombre et de ses effets serait incapable d'en deviner l'existence. D'où l'importance d'avoir une connaissance théorique de l'ombre pour éventuellement en faire l'expérience.

À mon avis, l'École de la psychologie analytique de Carl Gustav Jung et de ses disciples offre la théorie la plus claire et la plus pratique sur l'ombre. Après avoir situé l'ombre dans l'ensemble du développement humain, cette théorie fournit les moyens de prendre contact avec elle. Mon propos sur l'ombre s'en inspire largement.

A. Jung à la découverte de la théorie de l'ombre

Jung, à qui la psychanalyse freudienne était familière, connaissait l'existence du monde refoulé de l'inconscient. Mais l'idée qu'il fût formé par des refoulements d'entités psychologiques personnelles ne le satisfaisait pas. Il lui fallait aller plus loin. Or, ses recherches sur les mythes, les rêves, les désillusions psychotiques ainsi que l'étude de dessins de «primitifs» et d'enfants l'amenèrent à conclure à l'existence d'un autre inconscient plus profond, à savoir «l'inconscient collectif». Il définit celui-ci comme une mémoire d'un ensemble d'images ou de motifs,

innée et commune à toute l'humanité. Il nomma ces configu-
rations universelles «archétypes» parce qu'on les retrouve dans
toutes les civilisations. L'ombre apparut à ses yeux comme un de
ces archétypes fondamentaux.

Cette importante découverte de Jung mit fin à sa longue
amitié avec Freud qui considéra dès lors son disciple comme «héré-
tique» par rapport aux thèses de son école.

Pour Jung, l'ombre représentait un ensemble de complexes,
d'énergies refoulées, que Freud avait dénommées le «Ça». L'ombre
telle que la concevait Jung se profilait depuis toujours dans les
mythes et les histoires sous la forme de divers archétypes: le «frère
sombre», le «double», «les jumeaux» dont l'un affiche un caractère sinistre, «l'alter ego», etc. Jung avait d'abord conçu cette ombre
d'une façon abstraite et anonyme. Puis, par l'étude de ses propres
rêves et de ceux de ses patients, elle en est venue à prendre pour
lui une figure concrète et personnelle.

Dès 1912, Jung parlait du «côté ombrageux du psychisme».
Par la suite, il utilisa diverses expressions pour désigner l'ombre,
telles que «le soi réprimé», «l'alter ego», «le côté sombre de soi»,
«le soi aliéné», «la personnalité inférieure de soi».

En 1917, dans son ouvrage *On the Psychology of the
Unconscious*, il décrit l'ombre comme «l'autre en nous», «la personnalité inconsciente de l'autre sexe», «l'inférieur répréhensible»
ou encore «l'autre qui nous embarrasse ou nous fait honte». Il la
définit comme «le *côté négatif* de la personnalité, la somme de
toutes les qualités désagréables que nous avons tendance à détester
et à cacher, ainsi que les fonctions insuffisamment développées et

le contenu de l'inconscient personnel.» Ajoutons cependant que l'ombre, bien qu'elle paraisse incompatible avec les idées reçues et les valeurs de tel ou tel milieu, n'est pas en soi quelque chose de mal.

Le schéma de la page suivante présente graphiquement cette conception du psychisme chez Jung.

Conception du psychisme chez Jung

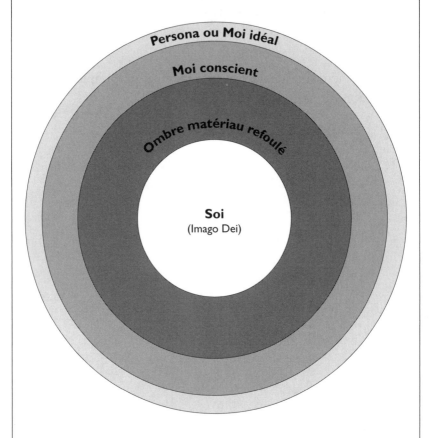

Persona ou Moi idéal

Moi conscient

Ombre matériau refoulé

Soi
(Imago Dei)

Le Soi: le centre du psychisme, inconscient et conscient

L'ombre: partie refoulée par souci d'adaptation

Le Moi: partie consciente du psychisme

La *persona*: partie de l'adaption au milieu

B. L'ombre, une métaphore pour décrire le matériau refoulé

L'image à laquelle renvoie le terme «ombre», initié par Jung et repris par ses disciples, représente bien l'ensemble des refoulements de l'inconscient qui s'organisent en contrepartie du vécu de l'ego conscient. L'ombre d'une personne est donc le matériau psychique qui s'est cristallisé dans l'inconscient pour compenser le développement unidimensionnel du moi conscient. Comparable à une lumière, le moi conscient produit une aire obscure inconsciente: l'ombre. En bref, disons que si l'ego est l'endroit conscient de la personne, l'ombre en est l'envers inconscient.

L'image de l'ombre illustre bien le monde refoulé. D'ordinaire, nous préférons marcher guidés par la lumière. Cela nous empêche de voir l'ombre qui nous suit; les autres la perçoivent souvent avant nous. De même, les autres distinguent souvent mieux le côté sombre de notre personnalité que nous nous refusons à voir.

L'ombre sensible, toute petite sous le soleil du midi, s'allonge et grandit à mesure que le jour baisse. Puis, au cours de la nuit, elle envahit tout l'espace. Il en est de même pour notre ombre psychique. Infime durant les temps de veille, elle prend d'immenses proportions pendant le sommeil où elle se faufile dans nos rêves.

Ainsi, tout ce que nous avons tenté de dissimuler pendant la journée pour «sauver la face», les rêves nous le révèlent la nuit, comme s'ils voulaient rétablir la part de vérité que nous avons occultée. D'où la surprise créée par des symboles repoussants et menaçants dont sont parfois faits nos rêves. Ils mettent au jour d'une façon brutale les matériaux refoulés: la mère aura l'allure d'une sorcière, le patron celle d'un tyran, la voisine celle d'une prostituée, etc. Le rêve éclaire crûment le fond des mensonges dont nous usons allègrement pour sauver les apparences et nous conformer aux règles de bienséance. Ainsi, on rapporte que certains moines bouddhistes, qui n'ont plus à «sauver la face» en société, ne rêvent plus. Grâce à l'humour qu'ils pratiquent à leurs dépens, ils n'ont presque plus à entretenir d'arrière-pensées.

Les expressions utilisant l'image de l'ombre illustrent bien les réactions que provoque le monde psychique refoulé. Ainsi dit-on de quelqu'un qui est saisi de peur ou d'angoisse qu'«il a peur de son ombre». L'expression «tout lui porte ombrage» s'appliquera à une personne tatillonne et jalouse. Dans le cas où un individu sera très fasciné par un autre, on dira qu'il «le suit comme son ombre». On peut encore citer le proverbe allemand «On ne peut pas sauter par-dessus son ombre», qui exprime l'impossibilité de se libérer de son monde psychique refoulé.

C. Les diverses formes de l'ombre

L'ombre noire et l'ombre blanche

Suivant la nature du matériau réprimé, on distingue deux formes d'ombre: l'ombre noire et l'ombre blanche. L'ombre noire résulte de tout instinct refoulé, tel ceux de la sexualité et de l'agressivité. Elle se manifeste surtout chez les personnes ayant acquis une réputation de droiture et de vertu. Parfois, l'ombre noire qu'elles ont voulu ignorer s'insurge contre les valeurs véhiculées par le milieu: révolte contre les règles de la société, transgression des lois, rivalité avec les autres, attitudes d'envie et de jalousie, désir de domination, pulsions sexuelles désordonnées, etc.

L'ombre blanche, quant à elle, provient soit du manque de développement, soit du refoulement d'une tendance vertueuse et spirituelle. Elle tire son origine de la pression qu'un milieu familial et social a exercée dès le plus jeune âge en imposant des normes de conduite et des attitudes déviantes. Voici quatre exemples d'ombre blanche. Un «mafieux» dont la seule ambition est d'exploiter les gens refoule en lui toute tendance naturelle à l'honnêteté ou à la générosité. Son ombre blanche se compose donc des vertus refoulées d'honnêteté et de compassion. Le deuxième cas est celui d'un jeune délinquant devenu très populaire dans son *gang* pour son indiscipline et ses frasques scolaires. On lui avait appris que l'observance des lois était mauvaise et que, par conséquent, il devait refouler tout élan de discipline dans sa vie. Se conformer à une discipline devint donc partie de son ombre blanche. Troisième cas: il s'agit d'un libertin à qui tout comportement chaste répugne. Il a enfoui cette vertu naturelle dans son ombre. Dernier exemple: un athée militant exhibe un étrange comportement lorsqu'il est ivre: il se met à genoux et récite des prières. L'ivresse lui permet de libérer le côté spirituel de lui-même. Le monde du spirituel forme la facette «blanche» de son ombre.

Diverses catégories d'ombre selon les milieux

On classe les ombres selon les milieux qui les ont engendrées. L'ombre pourra donc être familiale, institutionnelle ou nationale.

L'ombre familiale

Les familles transmettent non seulement des valeurs et des convictions positives, mais aussi des zones d'ombre résultant de refoulements collectifs. Ainsi, des événements tragiques survenus dans une famille peuvent se transformer en mythes; de même, les deuils mal gérés continuent de hanter et les scandales familiaux constituent des secrets bien gardés. De plus, les blessures, les tragédies et les drames restés inconscients dans la mémoire de la famille ont tendance à se reproduire d'une génération à l'autre. Du même coup, les descendants sont entraînés à revivre les mêmes drames et à refaire les mêmes refoulements sans trop savoir pourquoi.

Je pense au cas d'une famille dont les parents interdisaient aux enfants d'aller se baigner. Ils maintenaient cet interdit comme un absolu, sans toutefois pouvoir le justifier. Or, ceux qui connaissaient l'histoire de la famille devinaient le motif inconscient de l'interdiction: les arrière-grands-parents avaient perdu deux fils lors d'une baignade et, depuis, une peur irrationnelle de l'eau s'était perpétuée chez tous leurs descendants.

Ce cas n'est pas isolé. Dans toutes les familles, de façon plus ou moins consciente, les parents, pour éviter des situations de malaise et par un souci inconscient de loyauté familiale, interdiront à leurs enfants d'exprimer certaines émotions ou d'exploiter telle qualité ou tel talent, afin d'adopter un comportement spécifique. Ce faisant, ils obéissent aux pulsions de l'ombre familiale. Ces injonctions ont force de loi dans la famille. Les enfants, craintifs et sensibles au moindre risque de rejet, observent, dociles, les interdits parentaux. Ce mécanisme fonctionne d'autant mieux que les interdits non formulés atteignent plus facilement l'inconscient et ont ainsi une plus grande force de persuasion.

Un certain nombre de ces injonctions familiales ont été répertoriées par les tenants de l'Analyse transactionnelle. On constate qu'elles ont toutes une formulation négative. En voici une brève liste: n'existe pas; ne sois pas toi-même; ne sois pas un garçon (une fille); ne sois pas un enfant; ne grandis pas; ne réussis pas; ne sois pas en santé; ne t'engage pas ou ne sois pas intime dans tes relations; ne pense pas; ne ressens pas. Il serait sans doute éclairant de décrire l'influence de telles injonctions sur la formation de l'ombre chez l'enfant. Une telle description déborderait néanmoins l'objet immédiat de mon propos.

Parfois, l'ombre de toute une famille se concentre sur un seul de ses membres. C'est le cas classique du «mouton noir» qui dévie des règlements et normes de la famille. Le «patient identifié», comme on le dénomme couramment en thérapie familiale, a pour fonction d'assurer l'équilibre d'un système familial déficient. La tâche délicate du thérapeute consiste alors à aider la famille à reconnaître que c'est tout le système familial qui est défectueux et pas seulement le «mouton noir», qui n'est que le reflet du dysfonctionnement familial. Il révèle, par ses comportements, l'aspect déficient du développement familial. Par exemple, l'irresponsabilité et la frivolité d'un «patient identifié» mettra en lumière le côté trop sérieux et rigide de la famille.

L'ombre institutionnelle

Les communautés humaines sont enclines à privilégier certaines valeurs au détriment d'autres qu'elles considèrent inutiles, voire mauvaises. L'ombre du fondateur d'une communauté, avec ses tabous et ses interdits, laisse son empreinte sur l'ombre du groupe. Même après sa mort, l'esprit et l'ombre du fondateur hanteront les membres de sa communauté.

Voici un cas illustrant la création d'une ombre institutionnelle. Dans une maison de formation pour futurs prêtres, deux formateurs se montraient très préoccupés de dépister les moindres signes d'homosexualité et d'alcoolisme chez les séminaristes. Un geste fraternel aussi anodin que celui de taper sur l'épaule d'un camarade était interprété comme un signe d'homosexualité. Avaler rapidement un verre d'alcool était perçu comme un manque de maîtrise de soi caractéristique de l'alcoolique. Résultat: tous les membres de cette institution devinrent obsédés par le souci de découvrir partout l'homosexualité et l'alcoolisme. Les séminaristes se mirent à s'épier les uns les autres afin de détecter des signes possibles. Les ombres des deux éducateurs en question avaient fini par contaminer tous les esprits du milieu. Convivialité, fraternité, assiduité à la vie de prière, serviabilité, application aux études, toutes ces valeurs dignes d'être promues attiraient peu l'attention des éducateurs et des séminaristes. Seul le dépistage d'homosexualité et d'alcoolisme les préoccupait.

Une institution incapable de reconnaître son ombre déviera peu à peu de ses objectifs. Mais, pire encore, complètement fascinée par son ombre, elle ne réussira qu'à promouvoir ce qu'elle tente d'éviter.

L'ombre nationale

Il existe aussi des ombres à l'échelle d'une nation. Pour s'en rendre compte, il suffit d'aller visiter un pays étranger. On s'apercevra très vite que les gens de ce pays ne pensent pas comme ses concitoyens. Un défaut chez soi sera peut-être considéré comme une qualité. Par exemple, la façon de s'affirmer d'un Parisien paraît effrontée à un Québécois, tandis que la réserve de ce dernier risque d'être qualifiée de timidité par le Parisien.

Plus une nation s'isole, plus elle s'aveugle sur ses défauts et ses déficiences, et plus elle aura tendance à projeter ses peurs, ses répugnances et ses atavismes sur des nations voisines. Seul le contact assidu d'un peuple avec un autre permet de reconnaître les propres lacunes et défauts du caractère national. Tant que des personnes n'ont pas appris à connaître et à apprécier les mœurs étrangères, elles nourrissent des préjugés créés par leur propre ombre nationale. Les plaisanteries qui prennent pour objet des peuples voisins et les surnoms racistes sont des signes évidents de projections de l'ombre nationale.

En temps de guerre, la projection de l'ombre collective sur «l'ennemi» est entretenue et exacerbée par les médias. On s'acharne à retrouver chez l'adversaire tout ce qu'on juge détestable et répréhensible chez soi. Durant la dernière guerre mondiale, le peuple allemand avait tous les défauts imaginables. Durant la guerre froide qui a suivi, ce fut au tour des Russes d'être mal jugés. Les Noirs ont longtemps été la cible de la projection de l'ombre des Blancs. Les Juifs ont été pareillement les victimes privilégiées de l'ombre collective de plusieurs autres peuples. Minorités, étrangers ou grands esprits dérangent toujours par leur différence et leur originalité. Ils sont exposés à devenir les boucs émissaires, porteurs de toutes les tendances malicieuses de l'ombre nationale.

Les nations sont-elles donc condamnées, en tant que telles, à se créer sans cesse des ennemis ou boucs émissaires et à les affubler de leur ombre collective? Est-il permis de rêver qu'un jour toutes les nations se regarderont en vérité et que chacune apprivoisera son ombre au lieu de la projeter sur une autre nation en cherchant à la détruire?

D'instinct, des sociétés dites «primitives» ont trouvé un correctif aux déviations de leur ombre collective: certains de leurs membres sont désignés pour «jouer» l'ombre collective et amener le groupe à relativiser ses habitudes et ses manières de penser. Chez les Sioux d'Amérique, le *Heyhoka* exerçait le ministère sacré consistant à jouer l'ombre du groupe. De façon systématique, il faisait à l'envers toute une série d'activités: il montait son cheval face au derrière de la bête; il construisait sa tente en plaçant l'ouverture dans une direction opposée à celle des autres tentes; il allait même jusqu'à déféquer durant les cérémonies religieuses[11]. Constamment, il se plaisait à violer les règles et les normes de sa tribu.

---

11   D. M. DOOLING, «The Wisdom of the Contrary», dans *Parabola, the Trickser*, vol. 5, n° 1 (1979), p. 55.

À la cour du Roi, le fou jouait un rôle similaire auprès du souverain: il lui révélait tout ce que sa cour essayait de lui cacher.

Rappelons enfin la fonction dénonciatrice de la «fête des fous» au Moyen Âge. À cette occasion, les positions sociales étaient inversées. Par exemple, l'idiot de la place était nommé roi; on faisait célébrer des messes par des ânes qui devaient remplacer les prélats. Aujourd'hui, ce sont les clowns et les comédiens qui remplissent en partie cette fonction. Ils nous renvoient à notre ombre nationale en dénonçant nos travers communs.

Conclusion

Depuis les premières intuitions de Carl Jung sur l'existence et la nature de l'ombre, on assiste à un foisonnement d'écrits sur le sujet. Jung ne serait peut-être pas en tout point d'accord avec ses disciples. On sait combien il craignait qu'ils lui fassent dire des choses qu'il n'avait jamais conçues et élaborent des théories étrangères à sa pensée. Un jour qu'on lui demandait de préciser davantage sa conception de l'ombre, il s'y refusa en affirmant, en boutade: «L'ombre, c'est la totalité de l'inconscient.» J'espère que mes efforts de clarification qui ont pour but de favoriser la croissance psychospirituelle des lecteurs, n'auront pas contribué à dénaturer la pensée de Jung sur l'ombre.

Troisième chapitre

La formation de l'ombre

———————

Jusqu'à la trentaine,
nous passons le plus clair de notre temps
à décider quels aspects de nous-mêmes
nous allons jeter dans notre sac à déchets,
puis nous passons le reste de notre vie
à tenter de les en retirer.

Robert Bly

Histoire de l'homme aux sept masques

Il était une fois un homme qui portait sept masques différents, un pour chaque jour de la semaine. Quand il se levait le matin, il se couvrait immédiatement le visage avec un de ses masques. Ensuite, il s'habillait et sortait pour aller travailler. Il vivait ainsi, sans jamais laisser voir son vrai visage.

Or, une nuit, pendant son sommeil, un voleur lui déroba ses sept masques. À son réveil, dès qu'il se rendit compte du vol, il se mit à crier à tue-tête: «Au voleur! Au voleur!» Puis il se mit à parcourir toutes les rues de la ville à la recherche de ses masques.

Les gens le voyaient gesticuler, jurer et menacer la terre entière des plus grands malheurs s'il n'arrivait pas à retrouver ses masques. Il passa la journée entière à chercher le voleur, mais en vain.

Désespéré et inconsolable, il s'effondra, pleurant comme un enfant. Les gens essayaient de le réconforter, mais rien ne pouvait le consoler.

Une femme qui passait par là s'arrêta et lui demanda:

— Qu'avez-vous, l'ami? Pourquoi pleurez-vous ainsi?

Il leva la tête et répondit d'une voix étouffée:

— On m'a volé mes masques et, le visage ainsi découvert, je me sens trop vulnérable.

— Consolez-vous, lui dit-elle, regardez-moi, j'ai toujours montré mon visage depuis que je suis née.

Il la regarda longuement et il vit qu'elle était très belle.

La femme se pencha, lui sourit et essuya ses larmes.

Pour la première fois de sa vie, l'homme ressentit, sur son visage, la douceur d'une caresse.

Tadjo

———

A. La formation de la *persona*

Le concept d'ombre reste incompréhensible à qui ignore celui de *persona*. Cette composante essentielle de la personnalité est aussi désignée sous le nom d'*ego-idéal*. Depuis Jung, le terme de *persona* signifie plus précisément le moi social résultant des efforts d'adaptation déployés pour se conformer aux normes sociales, morales et éducationnelles de son milieu. La *persona* rejette de son champ de conscience tous les éléments — émotions, traits de caractère, talents, attitudes — jugés inacceptables aux gens importants de son entourage. Du même coup, comme je l'ai affirmé plus haut, elle produit dans l'inconscient sa propre contrepartie, que Jung a appelée **l'ombre**. La *persona* est donc à l'ombre ce que l'endroit est à l'envers.

L'origine du concept jungien de *persona* est la notion de *prosopon*. Ce terme désignait dans le théâtre grec le masque que portaient les acteurs pour incarner un personnage. Le mot latin *persona* quant à lui vient de *per sonare*, c'est-à-dire «qui résonne à travers». En effet, le masque de l'acteur était utilisé à la fois pour projeter sa voix et pour illustrer le caractère du personnage joué. Chaque *prosopon* représentait un type de la condition humaine tel le jaloux, l'avare, le bonasse, etc. Le masque n'exprimait donc pas le drame personnel de l'acteur, mais bien une situation de conflit à caractère universel. La voix de l'acteur n'en trahissait pas moins ses émotions et ses sentiments.

Le dilemme moi *persona* et moi intime

Le développement de la *persona* chez un individu n'est pas sans lui créer un problème: en jouant les divers rôles sociaux imposés par son insertion sociale, ne risque-t-il pas de dissimuler sa véritable identité? En d'autres termes, l'effort qu'une personne met à s'adapter aux comportements «corrects» exigés par la collectivité, à jouer des rôles et à adopter les valeurs transmises par celle-ci, ne l'amène-t-il pas à perdre sa propre originalité («sa voix intérieure», pour employer l'expression d'Erich Neumann)? Sans aller jusqu'à parler d'une perte totale d'identité, reconnaissons qu'en raison de l'activité de la *persona,* il se crée une opposition radicale entre le moi social et le moi intime. Alors que le moi *persona* s'efforce de s'adapter à la société ambiante, le moi intime, de son côté, perd de l'importance. N'y a-t-il pas alors danger que ce moi intime ne s'esquive dans l'ombre pour laisser toute la place et l'énergie à la *persona,* toujours préoccupée de s'ajuster au monde extérieur? C'est ce qui faisait dire à Jung, à la suite de grands maîtres spirituels: «Le masque ne connaît pas son ombre.»

Arrivé à ce stade, on se trouve confronté à la difficulté, à première vue insurmontable, d'avoir à s'adapter à son entourage sans devoir pour autant négliger le développement de son moi intime. Quel dilemme! D'un côté, on doit promouvoir le développement de la *persona,* au risque d'entraver la socialisation nécessaire à la personne; de l'autre, on doit préserver le développement de son moi intime en évitant de consacrer trop d'énergie à s'adapter au milieu social. Que faire au juste?

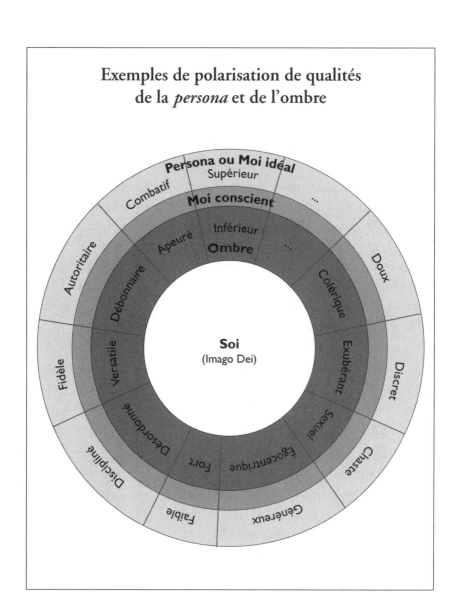

Exemples de polarisation de qualités de la *persona* et de l'ombre

Aider l'enfant à se bâtir un moi social...

Il importe d'insister ici sur la nécessité de se construire, en premier lieu, un moi social (une *persona*) sain et solide, quitte à remettre à plus tard le travail sur son ombre. Cependant, certains auteurs laissent entendre qu'une éducation parfaite devrait pouvoir éliminer toute formation de l'ombre chez l'enfant pour que, une fois devenu adulte, il n'ait pas à en souffrir. Ils voient dans le processus de socialisation du moi la cause de la formation de la zone ténébreuse de la personnalité.

Dans la même logique, les écrivains Robert Bly et Alice Miller comparent le potentiel de développement d'un enfant à une sphère qui demande à s'agrandir librement dans toutes les directions à la fois. Ce qui voudrait dire que tout interdit viendrait bloquer le développement spontané de l'enfant en créant une ombre nocive. Pareille opinion rappelle beaucoup la pensée utopique d'un Jean-Jacques Rousseau. Selon lui, la nature parfaite de l'enfant est corrompue au contact de la société représentée par les parents et les éducateurs.

Il est à mon avis irréaliste de croire que le développement d'un enfant puisse se faire sans que les parents et éducateurs aient à freiner certaines tendances narcissiques et instinctuelles qui nuisent à sa socialisation. Ignorer le contexte sociologique d'un enfant — familial, social ou culturel — pour le mettre à l'abri de toute influence de la société équivaudrait à l'enfermer dans un univers clos sur lui-même, comme celui de l'enfant autiste.

On ne choisit pas d'avoir ou de ne pas avoir une ombre. La nécessité de se bâtir un moi social engendre nécessairement la formation d'une ombre. Penser éduquer un enfant en essayant d'éviter ce phénomène est illusoire.

... sans créer trop d'ombre

La croissance idéale du moi social — la *persona* idéale — devrait se faire en vertu d'une adaptation souple et raisonnable aux valeurs et aux normes sociales de son milieu. Dans la mesure du possible, la socialisation de l'enfant doit être guidée de manière à respecter les aspirations profondes de son moi intime. À cette fin, le pédagogue avisé disciplinera la conduite de l'enfant en prenant soin de reconnaître d'abord l'émotivité, les tendances instinctuelles et les inclinations égocentriques de ce dernier. Au moment où il devra mettre des limites à ses comportements déviants, l'éducateur évitera de forcer l'enfant à réprimer ses émotions et ses sentiments. En effet, un éducateur peut interdire à un enfant en colère de frapper son camarade tout en reconnaissant la légitimité de ressentir de la colère. D'une part, il évitera à l'enfant un refoulement indu de sa colère; d'autre part, il l'incitera à inventer des manières positives de l'exprimer.

B. *Persona* et faux moi

La *persona* d'un individu a donc comme fonction de lui permettre de s'adapter aux exigences de son milieu social et de l'aider à se comporter en conséquence. Mais il arrive que l'adaptation au milieu se révèle pathogène. Elle entraînera alors la formation de ce que Winnicot dénomme le «faux moi»[12]. Cette pathologie se développe dans la relation primaire avec la mère. Si l'enfant subit trop de frustrations, son adaptation au monde maternel se réalisera sur un mode défensif. S'il découvre, chez sa mère ou chez ses éducateurs, trop de réactions incohérentes, il ne lui restera d'autre option que de se défendre contre un monde ressenti comme une intrusion ou une menace. Dans de telles circonstances, le développement normal du moi social (la *persona*) s'en trouvera stoppé. L'enfant se bâtira alors une *persona* pathogène. Cette adaptation morbide, loin de servir son moi conscient, contribuera à le rendre prisonnier. La fausse *persona*[13] ne cherchera plus à s'adapter au milieu d'une façon normale, mais s'ingéniera à s'en protéger comme d'un monde hostile.

L'individu qui se sera ainsi construit une *persona*-armure n'osera plus exprimer ses vrais sentiments et émotions; il manifestera seulement ceux qu'il croit recevables par ses éducateurs. Grâce à cette tactique — que l'Analyse transactionnelle dénomme «trafic de sentiments» *(racket feelings)* —, l'enfant aura l'impression de pouvoir survivre dans un milieu qu'il aura perçu comme malsain et hostile.

L'expérience qui aura amené l'enfant à cette réaction de défense explique chez lui des comportements visant à manipuler

---

12   D. W. WINNICOT, *Processus de maturation chez l'enfant*, Paris, Payot, 1974, p. 118.

13   Le *false self*, selon l'expression de Winnicot, psychologue anglais, spécialiste de la psychologie de l'enfance.

l'entourage à son avantage, que le fondateur de l'Analyse transactionnelle a finement décrits[14]. Mais il y a un prix à payer pour ce manque d'authenticité. Pour n'avoir pas réussi à s'adapter d'une façon normale à son milieu social, la fausse *persona* sera à l'origine d'une ombre caractérisée par un profond enracinement dans l'inconscient et par une virulence particulière.

C. Formation d'une ombre virulente et dissociée

Pour être plus précis sur la nature de l'ombre, on peut dire qu'elle ressemble à diverses constellations constituant chacune un «complexe psychique». Chaque complexe est composé d'un ensemble organisé d'images, de paroles et d'émotions formant une structure autonome et dissociée du moi conscient. Cette structure constitue une «sous-personnalité» que l'on pourrait comparer au «personnage» d'une pièce de théâtre, autonome, indépendant du metteur en scène, et revêtant sa propre personnalité. Ces complexes réapparaissent souvent dans les rêves du sujet. Ils exercent parfois sur lui une influence telle que celui-ci se sent alors littéralement possédé. Ainsi, le sujet fait ce qu'il ne veut pas faire et ne peut faire ce qu'il voudrait, comme le déplorait saint Paul en parlant du vieil homme en lui[15].

---

14 É. BERNE, *Des jeux et des hommes. Psychologie des relations humaines*, Paris, Stock, 1975.

15 *Épître aux Romains* 7, 19.

Degré de virulence et d'autonomie propre à chaque ombre

Ma pratique clinique m'a révélé que les ombres de mes clients n'avaient pas toutes le même degré de virulence et d'autonomie psychique. Comment expliquer ce phénomène? Vraisemblablement par les circonstances qui ont entouré le traumatisme passé et le refoulement du matériau psychique.

Répression et refoulement

La psychanalyse distingue deux formes d'inhibition personnelle. La première se nomme «répression». Elle résulte de l'inhibition volontaire d'une émotion ou d'une attitude. La répression étant consciente, réfléchie et volontaire, elle ne crée habituellement pas d'ombre chez le sujet.

La deuxième forme d'inhibition s'appelle «refoulement». Elle consiste à rejeter un potentiel psychique dans l'inconscient sans même en avoir conscience. On distingue deux types de refoulement: le premier survient faute d'occasions favorables à l'apprentissage; l'autre, à la suite d'une blessure psychique.

Décrivons d'abord le premier type de refoulement. Il y a des gens qui, pour diverses raisons, n'ont pas pu exploiter tout leur potentiel: ignorance de leurs éducateurs, absence d'occasions favorables, milieu hostile, etc. L'ombre découlant de ce potentiel non exploité prendra une allure primitive et inculte, mais non agressive. Elle sera comparable à un enfant qu'on aurait enfermé dans un cachot durant un grand nombre d'années. Au moment de ses premiers contacts avec la société, il aura l'air fruste, sauvage et désemparé, ignorant des règles élémentaires de la vie en société. Il n'aura pas appris à parler, à se laver, à manger, à se comporter en société, etc.

Le deuxième type de refoulement découle d'interdictions sévères de l'entourage. Dans ce cas, l'énergie psychique d'un individu est repoussée dans les profondeurs de l'inconscient sans même qu'il s'en aperçoive. L'ombre provenant de ce genre de refoulement présente un caractère marqué de virulence et d'autonomie. Le sujet ne la reconnaît pas comme sienne. Il a l'impression que ce complexe psychique lui est totalement étranger. Son ombre lui apparaît comme quelque chose de «dissocié» de lui-même et, du même coup, elle échappe à son contrôle. Une personne aux prises avec une telle ombre aura parfois l'impression d'être «possédée» par une force extérieure dont elle n'a pas la maîtrise.

L'identification à l'agresseur

Comment expliquer le caractère virulent et «dissocié» de certaines ombres? La meilleure explication que j'aie trouvée jusqu'à ce jour est qu'il faut tenir compte non seulement du contenu psychique refoulé, mais de la manière dont il a été refoulé. Le sujet, victime d'un interdit effectué avec violence, est porté à adopter le comportement de l'auteur de l'interdit lui-même. On reconnaît ici la tendance courante de la victime à s'identifier à l'agresseur et, par la suite, à l'imiter spontanément. En raison d'un mimétisme difficile à expliquer, la victime est encline à faire siens les gestes, les paroles, la tonalité de la voix, les attitudes violentes, le silence de son agresseur. Bref, l'ombre de la personne blessée prend inconsciemment les traits de celui qui l'a blessée.

En conséquence, la personne blessée sera tentée de perpétuer l'agression qu'elle a elle-même subie. Elle s'accusera, se blâmera et ira même jusqu'à se mutiler. De plus, elle sentira parfois un besoin compulsif de s'attaquer aux gens de son entourage. Prisonnière inconsciente d'une ombre aussi virulente, cette personne sera condamnée à vivre, en alternance, des accès de masochisme et de sadisme. Cela peut constituer l'origine des gestes violents et des perversions sexuelles que les thérapeutes observent chez certains patients.

L'ombre, comme un sac à déchets

Pour illustrer la formation de l'ombre, Robert Bly, poète et penseur américain, utilise l'éclairante métaphore du «sac à déchets». Il soutient que chaque fois qu'on refoule une émotion, une qualité, un trait de caractère ou un talent, c'est comme si on jetait ces parties de soi dans un sac à déchets. Selon lui, durant les trente premières années de la vie, on est occupé à le remplir de riches éléments de son être. Avec le temps, le sac devient de plus en plus lourd à porter. Il faudra en conséquence, pendant le reste de sa vie, fouiller dedans pour récupérer et tenter de développer les aspects de sa personne qu'on y a enfouis.

Celui qui ne s'adonne pas à l'humble et patiente tâche de recycler le contenu de son sac se sentira éventuellement écrasé sous son poids: il tombera en léthargie, n'avancera pas, ressentira un grand vide intérieur et, finalement, déprimera. De fait, les précieux éléments de son être rejetés dans son «sac à déchets», loin de demeurer inactifs, continueront à «fermenter» et à vouloir se manifester et s'épanouir. Peu à peu, l'énergie psychique emprisonnée dans le sac se vengera contre son propriétaire; elle l'accablera d'obsessions ou viendra le poursuivre en se projetant sur des êtres autour de lui.

Inventaire du potentiel enfoui dans le sac à déchets

Pourquoi une personne refoule-t-elle dans l'inconscient un potentiel si riche? Elle cherche à survivre dans un milieu qui l'empêche d'être elle-même; elle craint d'être l'objet d'une exclusion sociale si elle se permet d'être elle-même. Cette peur, qu'elle soit réelle ou imaginaire, revêt diverses modalités: peur de perdre l'affection de ses parents et de ses proches; peur d'être isolé; peur d'être marginalisé par le groupe; peur du ridicule; peur d'avoir honte; peur de ne pas être correct ou normal; peur de ne pas réussir; peur d'être en dehors des normes reçues, etc.

Exemples d'interdits de la famille et de l'école

Pour illustrer les torts causés par cette peur d'être rejeté, voici des cas d'enfants qui ont dû plus ou moins consciemment inhiber l'expression de leurs émotions, qualités, traits de caractère ou talents.

Un père de famille devenait très nerveux et tendu et piquait de grandes colères quand ses enfants s'amusaient et faisaient du bruit. Ils comprirent rapidement qu'ils n'avaient pas le droit d'agir en enfants, de bouger, de crier, de jouer, etc. Le comportement restrictif du père s'expliquait par le fait que lui-même n'avait pas pu vivre son enfance en raison des très lourdes responsabilités que sa mère lui avait confiées dès son jeune âge.

Dans une autre famille où tout devait être mis en commun et fait en famille, les enfants furent très tôt amenés à inhiber toute forme d'affirmation d'eux-mêmes, comme celle de jouir d'un espace à eux, de s'isoler dans l'intimité de leur chambre ou d'avoir leurs propres secrets.

Dans une troisième famille, toutes marques d'affection, de tendresse ou d'intimité étaient interdites de peur qu'elles puissent dégénérer en pensées ou jeux sexuels. Mais, du même coup, sans s'en rendre compte, les parents se trouvaient à favoriser des comportements marqués par la froideur, la distance et même par le mépris des uns et des autres.

Chaque famille est portée à accepter l'expression de certains sentiments et émotions et à en bannir d'autres. Dans tel foyer, on a le droit d'avoir peur, d'avoir l'air souffrant ou faible, mais non de se montrer fort, autonome et rayonnant de santé. Dans tel autre, c'est le contraire qui s'impose: on a la permission de se montrer fort et en bonne santé, mais jamais celle de se montrer dépendant, malade ou souffrant.

Il arrive qu'à l'école, certains instituteurs rabrouent les élèves peu doués ou lents à apprendre. Ces écoliers auront vite compris qu'avec de tels instituteurs, ils ne pourront pas laisser paraître leur lenteur à comprendre, par exemple en posant des questions ou en prenant le temps nécessaire pour résoudre un problème.

Dans une classe de catéchèse, des écoliers avouent ne pas oser montrer leur cahier d'exercices à leurs parents et, en particulier, les prières qu'ils ont composées. Ils craignent d'être confrontés à l'indifférence de leurs parents ou ridiculisés.

L'opinion du groupe prend beaucoup d'importance chez les enfants et les adolescents. Un jeune garçon se verra, par exemple, contraint par ses camarades de ne pas utiliser le langage correct que ses parents lui ont appris; sinon, il se fera traiter de «fils à papa». De même, cette jeune fille s'abstiendra de faire de beaux dessins de peur d'exciter la jalousie de ses compagnes.

Un étudiant studieux sera embêté par ses camarades qui ne lui pardonnent pas ses brillantes interventions en classe et ses succès scolaires. Il apprendra donc vite à se montrer moins intelligent pour éviter les quolibets de ses camarades.

Un garçon ne se permettra pas de pleurer quand il se fera mal, car il passerait pour un «efféminé». Il s'efforcera alors de retenir ses pleurs, voire de ne pas ressentir de douleur.

Malgré sa vive envie d'imiter les garçons, cette jeune fille se gardera bien de grimper aux arbres. Elle ne voudra pas se faire traiter de «garçon manqué» par ses éducateurs. Elle refoulera les moindres manifestations des côtés «masculins» de sa personne.

Exemples de refoulements lors de certains passages importants de la vie

Les passages importants de la vie sont souvent sources de refoulements. En effet, lors de certains passages, qu'ils soient causés par un traumatisme ou par une conversion, les personnes doivent opérer un changement souvent radical. Elles essaient alors d'oublier et de nier ce qu'elles ont été dans leur vie antérieure et ont tendance à jeter dans leur «sac à déchets» des acquis précieux de leur vie passée.

Ces personnes qui ont changé de vie tentent en vain d'oublier tout leur passé, à la fois leurs richesses et leurs déficiences antérieures. Elles se créent ainsi une ombre encombrante. Je pense ici à l'intégrisme de certains convertis qui s'en prennent à leur indifférence religieuse passée. Ils essaient d'éliminer leur côté «païen» qui les poursuit au lieu de l'intégrer à leur nouvelle vie. Certains alcooliques font la même chose en voulant jeter dans l'ombre tout leur passé d'alcoolique. Ce qui expliquera, chez plusieurs d'entre eux, une grande intolérance à l'égard de toute consommation d'alcool, même normale.

Un de mes clients avait vu sa femme le quitter à la suite de ses colères répétées. Après son divorce, il s'était juré de s'abstenir de tout mouvement de colère. Au lieu de se sentir calmé par cet effort d'inhibition, il était constamment assailli par la crainte de retomber dans son ancienne habitude. Sa colère non apprivoisée venait l'obséder.

Ce n'est donc pas en refoulant une période troublée de son histoire personnelle qu'on peut s'en libérer. En voici un autre exemple: une femme, mère de famille bien rangée, croyait en avoir bien fini avec son ancienne vie de prostitution. Mais voilà qu'elle ne cessait d'être obsédée par la peur que les autres dénoncent son passé. De plus, elle n'était jamais parvenue à se le pardonner. C'est seulement après avoir réussi à se réconcilier avec la «prostituée en elle» qu'elle a pu vivre en paix avec elle-même.

Liste d'interdits

Je pourrais poursuivre cette énumération de situations qui suscitent de tels refoulements, mais je m'arrêterai ici. Je préfère maintenant passer en revue une série d'interdits touchant l'expression de certaines émotions, qualités, traits de caractère ou talents. Bien entendu, il s'agit autant d'interdits réels que de paroles ou de gestes qui sont interprétés comme tels par la personne concernée.

Il se peut qu'à la lecture de cette liste vous vous reconnaissiez. Cette prise de conscience vous permettra de faire l'inventaire des refoulements contenus dans votre ombre. En passant, vous remarquerez que le caractère à la fois absolu et négatif de ces interdits augmente leur force inhibitrice.

Interdits de devenir soi-même

Interdit de grandir ou de changer, de penser à soi, d'attirer l'attention sur soi, d'être une femme ou un homme, d'être en bonne santé ou d'être malade, d'avoir des loisirs, d'être original, de se sentir aimé pour soi ou d'être fier de soi, de se retirer à l'écart pour être seul, etc.

Interdits portant sur les émotions

Interdit d'exprimer certaines émotions telles que la peur, la jalousie, la colère, la tendresse, la tristesse, etc.; interdit même de penser à vivre certaines émotions; interdit d'être sensuel ou d'aimer le plaisir sexuel, de se sentir «petit» et vulnérable, etc.

Interdits portant sur les apprentissages

Interdit d'expérimenter, d'apprendre, de ne pas savoir ou de se sentir ignorant; interdit de se distinguer des autres par ses talents tels le dessin, la danse, le beau langage; interdit d'être compétent, de se sentir incompétent, de faire des erreurs, d'être intelligent ou intellectuel, de réussir, d'avoir la foi, d'exprimer cette foi en public, etc.

Interdits portant sur l'intimité

Interdit de se lier d'amitié, d'avoir une vie intime, de manifester son affection par des paroles ou par des gestes, d'aimer tel ou tel peuple, de faire confiance, etc.

Interdits portant sur l'affirmation de soi

Interdit de demander ou de refuser, d'exprimer son opinion, d'avoir des projets, d'être conservateur ou avant-gardiste, de se servir de son jugement pour discerner les personnes qui vous aident des personnes qui vous nuisent; interdit d'être fier de soi, de se dire aimable ou capable, etc.

La lecture de cet inventaire d'interdits vous aura paru agaçante, voire impressionnante. Mais il y a pire. De tels interdits ont souvent comme effet de freiner la connaissance et le développement des richesses personnelles. Si on désire exploiter ces richesses enfouies dans l'inconscient, on devra un jour, avec humilité, patience et courage, plonger dans son «sac à déchets», les en retirer une à une et se donner le droit de les exploiter.

Beaucoup, par ailleurs, auront peur d'aller explorer leur ombre. Car le matériau psychique qui aura été enfoui au fil des années dans l'inconscient aura tendance à régresser et à se montrer violent. Le caractère primitif, sauvage et rebelle de l'ombre non seulement fera peur à l'individu, mais lui donnera l'impression que l'ombre est un mal moral à éviter. C'est là une grave erreur que nous dénoncerons plus loin dans ce livre.

Quatrième chapitre

Embrasser son ombre

Tu ne peux connaître une chose
sans en connaître le contraire.
Tu ne peux acquérir la sincérité
sans avoir fait l'expérience de l'hypocrisie
et sans t'être décidé
à lutter contre elle.

Abu Uthman Maghrebi

Le loup de Gubbio

Dans le village de Gubbio, en Italie, résidaient des gens fiers, pour ne pas dire orgueilleux. Leur village était propre; les rues, balayées; les maisons, fraîchement blanchies à la chaux; les tuiles orange des toits, bien lavées; les vieillards, heureux; les enfants, disciplinés; les parents, travailleurs. Perchés sur le flanc de leur montagne, les gens de Gubbio jetaient un regard méprisant sur les villages de la plaine. Ils considéraient «les gens d'en bas» comme malpropres et peu fréquentables.

Or, voici qu'à la faveur de la nuit, une ombre se glissa dans Gubbio et dévora deux villageois. La consternation s'empara de la population. Deux jeunes braves s'offrirent pour aller tuer le monstre. Armés de leur épée, ils l'attendirent de pied ferme. Mais au matin, on retrouva leurs corps déchiquetés.

La panique fut totale. On apprit qu'il s'agissait d'un loup qui, la nuit, venait rôder dans les rues. Pour s'en débarrasser, le conseil du village décida de faire appel à un saint reconnu pour son pouvoir de parler aux animaux. Ce saint n'était autre que François d'Assise. Une délégation partit donc rencontrer François pour l'implorer de venir chasser à tout jamais le loup de son paisible village.

Sur le chemin du retour, le saint quitta les délégués de Gubbio à un croisement et s'engagea dans la forêt avec pour objectif de parler au loup malfaisant.

Le lendemain matin, tous les villageois s'étaient rassemblés sur la place publique et s'inquiétaient du retard de François. En le voyant sortir enfin de la forêt, ils se mirent à crier de joie. À pas lents, le saint se fraya un chemin jusqu'à la fontaine, puis, montant sur la margelle, il apostropha son auditoire: «Gens de Gubbio, vous devez nourrir votre loup!» Sans autre commentaire, il descendit de la fontaine et partit.

Au début, les gens de Gubbio prirent très mal la chose. Ils se fâchèrent contre saint François. Leur peur du loup fit place à la déception et à la colère contre ce saint inutile. Mais, se ravisant, ils chargèrent un villageois de déposer, ce soir-là, un gigot d'agneau à sa porte. Et ils firent de même tous les autres soirs.

Depuis lors, personne à Gubbio ne mourut sous la dent du loup. La vie reprit son cours normal. Par ailleurs, cette épreuve assagit les gens du village. Ils cessèrent d'afficher une attitude arrogante et méprisante envers les habitants des autres villages de la plaine. La présence d'un loup dans leur beau village les avait rendus plus humbles.

Trois conceptions de l'inconscient: Freud, Nietzsche, Jung

Jung considérait la réintégration de l'ombre comme «le problème moral par excellence». Ce travail consiste à reconnaître son ombre, à l'accepter comme faisant partie de soi-même et à la réintégrer dans l'ensemble de sa personnalité. La personne qui parvient à «embrasser son ombre» devient un être complet et unique.

Pour permettre à la personne de transiger avec son ombre, Freud, Nietzsche et Jung proposent des démarches qui diffèrent en fonction de leurs conceptions de la nature de l'inconscient et des rapports du moi conscient avec l'inconscient.

Pour Sigmund Freud, l'inconscient est un monde de forces chaotiques toujours prêtes à déborder les fragiles frontières du conscient. Il ressemble à un volcan qui, travaillé par les poussées instinctuelles et erratiques de la libido, menace à tout instant d'entrer en éruption. Le conscient, à la merci de ces débordements, doit se créer tout un système de défenses. Pour contrer les poussées libidinales, Freud conseille d'armer le conscient de deux principales défenses: la formation au «principe de la réalité» et le développement d'une vie rationnelle solide.

Nietzsche, pour sa part, ne voit aucunement la nécessité de se défendre contre l'inconscient. Tout en soutenant le caractère chaotique et irrationnel de l'inconscient, il rejette la vision négative que Freud en a. Il loue la spontanéité de l'inconscient et la favorise. Il exalte les puissances inconscientes du Surhomme et celles du Soushomme avec ses tendances maléfiques[16].

Jung s'écarte de ces deux positions extrêmes. Pour lui, l'inconscient est un ensemble de forces opposées mais complémentaires, qui demandent à être organisées. Il se compose d'abord de forces antinomiques comme celles de l'ego et de l'ombre, du masculin et du féminin, et d'une infinité de polarités archétypales. Ces forces sont responsables de tensions psychiques qui fluctuent constamment. Néanmoins, tous ces éléments opposés cherchent à s'organiser en un tout cohérent, et ce grâce à l'activité polarisante du Soi (voir schéma, p. 173).

La conception jungienne du développement de la personne souligne la nécessité d'établir un juste équilibre entre les éléments du psychisme. L'harmonisation de l'ego conscient et de l'ombre, qu'il définit comme étant «la totalité de l'inconscient», est particulièrement importante. Pour lui, ces deux entités psychiques doivent maintenir leur opposition à l'intérieur d'un système équilibré, en vertu d'une heureuse dialectique. Ce processus rappelle la vision taoïste du réel, à savoir que l'univers résulte de l'harmonisation constante et invisible de la polarité fondamentale, le *yin-yang*.

Pour Jung, il est aussi très dangereux de «survaloriser» ou de dévaloriser un aspect ou l'autre de la psyché. Toutes les fois qu'on promeut l'un au détriment de l'autre, on introduit dans le psychisme un facteur de déséquilibre qui se traduit éventuellement par des malaises physiques et des troubles mentaux.

---

16 Zweig, *op. cit.*, p. 265.

A. Trois impasses à éviter dans le travail sur l'ombre

La santé psychologique selon Jung consiste en partie à maintenir un juste équilibre psychique entre l'ego-idéal *(persona)* et l'ombre. Pour nous en rendre compte, examinons les effets nocifs de promotion de l'une des deux composantes au détriment de l'autre.

S'identifier à son ego-idéal en excluant son ombre

Qu'arrive-t-il à une personne qui s'identifie exclusivement à son ego-idéal, c'est-à-dire à sa *persona*? Une telle identification entraîne chez elle la négation non seulement des pulsions de son ombre, mais de son existence même. De plus, elle nécessite une obéissance stricte aux codes d'un milieu social. Motivée par la crainte d'en être exclue, elle sera à l'origine d'une anxiété incontrôlable à la moindre infraction de sa part à ces règles. La personne, très attentive à deviner les attentes réelles ou imaginaires de son milieu et à soigner constamment son image sociale, finira par renoncer à satisfaire ses aspirations légitimes.

Le type du perfectionniste est un exemple de ce travers. Incapable de rester en contact avec son «senti» et de l'exprimer, il essaie de dissimuler ses faiblesses, par peur de se voir pris en défaut. Toujours en alerte, il craint de commettre un impair dans son travail ou ses relations. Il se trouve dans un perpétuel état de stress. Nul ne s'étonnera alors de son intransigeance tant à l'égard de lui-même que des autres et de sa rigidité psychologique, morale et spirituelle.

Les efforts déployés par le «perfectionniste» pour faire échec à l'émergence de son ombre deviendront à la longue intenables. La tension psychique résultante provoquera toutes sortes de réactions pénibles: obsessions, peurs incontrôlables, préjugés, écarts compulsifs sur le plan moral, sans parler de l'épuisement psychologique et des états dépressifs dont il souffrira.

Ce type psychologique pourrait se comparer à celui que le théologien Richard Côté décrit comme «un intolérant à l'ambiguïté» qui présente les «traits suivants: faible estime de soi, raideur de pensée, étroitesse d'esprit, dogmatisme, anxiété, ethnocentrisme accentué, fondamentalisme religieux, conformisme, préjugés et faible créativité»[17].

À première vue, le tableau apparaît désespérant. Cependant, rappelons-nous l'adage: «À quelque chose, malheur est bon.» La dépression d'un individu sera un signal clair qu'un changement s'impose et qu'il ne doit plus continuer à s'identifier à son ego-idéal. Ce phénomène se vérifiera surtout au milieu de la vie, au moment où la reconnaissance de l'ombre se fait plus impérieuse. La personne reconnaîtra alors que le temps est venu pour elle de faire de la place à l'ombre qu'elle essayait en vain d'occulter.

S'identifier à l'ombre seulement

Une autre façon intenable de résoudre la tension *persona*-ombre consisterait à privilégier le côté sombre de soi et à obéir à ses pulsions sans discernement. Celui qui opterait pour cette

---

17   R. CÔTÉ, «Dieu chante dans la nuit: l'ambiguïté comme invitation à croire», dans *Concilium*, 242 (1992), p. 120.

solution deviendrait vite la proie de son ombre. Il adopterait toutes sortes de conduites répréhensibles: comportements déviants, instinctuels, primitifs, infantiles et régressifs, etc. La vie en société s'avérerait impossible pour lui, car il laisserait alors libre cours à tous ses penchants sadiques, envieux, jaloux, sexuels et autres. Bref, celui qui consent à devenir son ombre se condamne à vivre sous la coupe de ses désirs.

Je ne puis m'empêcher de penser ici aux effets déplorables de certaines thérapies qui prétendent permettre à un individu de s'épanouir en éliminant chez lui toute forme d'inhibition. Il arrive souvent à ceux qui ont été initiés à pareilles pratiques de devenir incapables de bonnes relations avec leurs proches, de travail en équipe ou encore de collaboration avec l'autorité. Dans les années 1970, on a observé que certains «initiés» de la thérapie du *Cri primal* n'étaient plus capables de vivre avec leur famille et leurs compagnons de travail. Leur seul espoir d'avoir une vie sociale était pour eux de se joindre à d'autres comparses ayant suivi la même thérapie.

Le roman de Robert Lewis Stevenson, *The Strange Case of Dr. Jekyll and Mr. Hyde*, illustre bien le danger de s'identifier exclusivement à son côté ombrageux. John Sanford, analyste jungien, a fait une analyse pénétrante de cette histoire où le héros, le docteur Henry Jekyll, succombe à l'envoûtement progressif exercé par son ombre. En buvant une potion qu'il a lui-même concoctée, le généreux médecin se transforme peu à peu en un personnage sordide, Edward Hyde. Après ses premiers essais d'identification à son ombre, c'est-à-dire à son *alter ego* qu'est

Hyde, Jekyll se rend compte du danger qu'il court. Il s'empresse donc de justifier son histoire de dédoublement qui peut, soupçonne-t-il, le conduire à la déchéance morale. Il essaie de se convaincre qu'il fait cette expérience au nom de la science. Pour se donner bonne conscience, il qualifie d'«anodine» cette transformation. Il va même jusqu'à n'y voir qu'une certaine *gaiety of disposition*. En vérité, la dangereuse fréquentation de son «double», Hyde, lui apporte une certaine jouissance qui pourrait, tout au plus, l'amener à commettre des incartades sans conséquence.

John Sanford, dans son commentaire de l'ouvrage, a montré que l'erreur fondamentale du docteur Jekyll fut de consentir à devenir son ombre. Loin d'essayer d'établir une tension féconde avec son double, le docteur Jekyll refuse l'inconfort de sa situation et choisit de se perdre en Edward Hyde[18]. Le libertin n'en fait-il pas autant quand il affirme que la meilleure manière de se débarrasser d'une tentation est d'y succomber?

À mesure que Jekyll se complaît à devenir Hyde, il cède de plus en plus aux exigences de ce ténébreux personnage. Ses résolutions répétées de vouloir arrêter l'affaire — il retournera même à sa pratique religieuse pour y parvenir — ne réussissent pas à le libérer de l'emprise de Hyde. Il atteint alors un point de non-retour où tout sens moral et toute maîtrise de lui-même lui échappent. Il est dès lors à la merci de forces diaboliques contre lesquelles il ne peut plus rien. Impuissant à résister à ses pulsions de sadisme, il va jusqu'à tuer son collègue, le bon docteur Carow.

18   Zweig, *op. cit.*, p. 32.

L'aventure du docteur Jekyll illustre bien l'échec auquel conduit l'abandon aux pulsions de l'ombre. Cette attitude, loin de résoudre la tension morale, ne favorise pas la réintégration de l'ombre.

S'identifier tantôt avec l'ego, tantôt avec l'ombre

Dans la vie courante, il est plutôt rare de rencontrer des cas aussi extrêmes que ceux du «perfectionniste» ou du docteur Jekyll. La troisième impasse, plus courante, consiste à entretenir une double vie. Dans ce cas, les individus mènent habituellement une vie morale exemplaire. Leur réputation de conjoint, de parent et de citoyen modèle fait l'envie de tous. Puis surviennent des moments de fatigue ou de déprime. Ils prennent alors des libertés à l'égard de leurs principes moraux. Ces écarts temporaires de conduite prennent des formes variées avec des degrés de gravité très divers: frasques amoureuses, aventures sexuelles, accès de colère, excès de boisson, petites crapuleries, calomnies, médisances, etc.

Ces personnes séduites un instant par la tentation se ressaisissent, regrettent leur faute, prennent de bonnes résolutions... jusqu'à ce qu'elles succombent à nouveau. Elles sont en effet prisonnières d'un cycle infernal. Il me vient ici à l'esprit le cas de ce prêtre, réputé pour son dévouement inlassable. Après des périodes de travail intense, il se laissait envahir par une de ses sous-personnalités ombrageuses qui l'amenait à des inconduites d'ordre sexuel. Pendant plusieurs années, il connut des périodes de générosité alternant avec des périodes d'écarts sexuels.

La plupart des alcooliques connaissent bien ce genre d'alternance: sous l'influence de l'alcool, leur ego sobre et exemplaire chavire dans leur ombre alcoolique. C'est comme si on assistait à un dédoublement de leur personnalité. Il est alors remarquable de constater que leur côté alcoolique révèle les qualités opposées à celles de leur côté sobre: en état d'ébriété, des doux se montrent violents; des chastes reconnus pour leur retenue ont des conduites sexuelles osées; des avares laissent voir leur côté généreux; des athées s'adonnent à la prière, etc.

Les personnes ainsi ballottées entre les aspirations de leur ego et les impulsions de leur ombre sont susceptibles de sombrer cycliquement dans un marasme psychologique et spirituel et de rester prisonnières d'un cercle vicieux.

B. Comment gérer la montée progressive de son ombre

Assumer la tension entre l'ego et l'ombre

On n'échappe pas à un dilemme en éliminant l'un de ses aspects. Ainsi en est-il du dilemme ego-idéal contre ombre. Il importe d'assumer la tension qui en résulte. Au départ, le sujet se trouve tendu et tiraillé entre ces réalités en apparence inconciliables, voire contradictoires. Mais s'il persiste à demeurer dans cet état inconfortable, il verra son moi profond, le Soi, se charger d'harmoniser ces pôles; d'opposés, ils deviendront complémentaires.

L'affrontement dramatique de l'ego et de l'ombre a reçu diverses appellations dans la littérature symbolique qui, dans une perspective spirituelle, aborde le domaine de la psyché. Qu'il suffise d'en mentionner quelques-unes. Les alchimistes l'appellent «nigredo»; les mystiques, «les nuits de la foi»; dans les mythes d'Osiris et de Dyonisios, on le décrit en termes imagés de «démembrement de la personne»; dans le chamanisme, on parle de «la mise en morceaux» et de «cuisson dans le chaudron». Par ailleurs, les rites initiatiques décrivent le conflit ego-ombre sous la forme symbolique d'une «torture» ou d'un «ensevelissement». Plus près de nous, le christianisme le compare à la «mort du vieil homme» et à une «crucifixion».

Durant sa croissance psychologique et spirituelle, toute personne se verra un jour ou l'autre aux prises avec des émotions et des sentiments inacceptables ainsi qu'avec de fortes pulsions instinctuelles et irrationnelles. Aussi, elle devra apprendre à ne pas leur donner libre cours et à ne pas les refouler. Elle devra tout simplement reconnaître que ces mouvements font partie de son dynamisme interne et devra les accepter, sans chercher à s'en défaire. Cette attitude d'accueil, qui évite tant le défoulement que le refoulement, rejoint l'enseignement de la philosophie *zen* sur le traitement de la colère: on s'abstient d'agir sous le coup de la colère, mais on se garde de la refouler; on l'accueille en soi en vue de l'apprivoiser.

Au cours de la vie, l'ombre crée sans cesse des clivages entre des entités psychiques qui demandent à être éventuellement harmonisées. Robert Johnson[19] soutient que transcender les oppositions apparentes en cultivant le sens du paradoxe constitue un progrès inestimable sur le plan de la conscience. Bien des gens vivent sur un mode duel: on aime ou on hait; on exprime ses émotions ou on les réprime; on travaille ou on se repose; on se donne aux autres ou on prend soin de soi; on entre en relation avec quelqu'un ou on s'isole; on agit ou on médite, etc. Or, ces oppositions apparentes se révèlent complémentaires pour qui a cultivé une vision paradoxale des choses.

Par ailleurs, le maintien d'une mentalité dualiste nuira considérablement au développement spirituel. Tout progrès dans cet ordre présuppose en effet une vision harmonisante des antinomies du réel. Ainsi, celui qui ne parvient pas à résoudre les tiraillements de sa vie intérieure provoqués par les conflits d'ordre émotionnel, les pulsions contraires, les devoirs opposés, les valeurs d'apparence contradictoires, etc., se condamne à la stérilité spirituelle. En revanche, celui qui réussit à concilier les dualités rencontrées dans son existence a de fortes chances de parvenir à une vie spirituelle harmonieuse. C'est ce qui fait dire à Robert Johnson, cet analyste jungien, que l'art de transformer les contradictions en paradoxes appartient à la fonction symbolique de la

---

19   R. A. JOHNSON, *Owning your Own Shadow: Understanding the Dark Side of the Psyche*, San Francisco, Harper, 1991.

Robert Johnson, analyste jungien, est un conférencier renommé. Il est également l'auteur de nombreux livres, dont *He: Understanding Masculine Psychology*, *She: Understanding Feminine Psychology*, *We: Understanding the Psychology of Romantic Love*.

religion. Pour lui, le sens du paradoxe permet d'atteindre un état supérieur de conscience[20].

Mais la question demeure entière: comment atteindre ce niveau de conscience?

Harmoniser l'ego-idéal et l'ombre en faisant appel au Soi

Certains, pour tenter d'échapper au malaise d'une tension psychique, adoptent une position héroïque, rationnelle et volontariste. Mais celle-ci s'avère à la longue intenable. Certes, un certain héroïsme est de mise, mais il s'agit alors de l'héroïsme défini comme la capacité de supporter la tension créée par deux tendances opposées, ce qui ressemble parfois à une forme de crucifixion. Un sentiment d'impuissance gagne celui qui tente de sortir de cette situation par les seuls efforts rationnels et volontaires de l'ego. Dans ces circonstances, l'unique recours est de s'abandonner à une instance psychique supérieure, le Soi. Jean Houston, mon professeur d'anthropologie religieuse, aimait à répéter que c'est lors de moments de dépression *(break down)* que l'on peut connaître des états de dépassement de soi *(break through)*.

Qu'est-ce que le Soi (ou Moi profond) appelé à jouer un rôle si déterminant dans la réintégration des pôles du psychisme? Jung y voit l'*imago Dei* ou le principe divin présent au cœur de tout individu. Il y voit encore le centre de créativité et d'intégration de la personne qui possède intuitivement le plan d'ensemble

---

20   *Ibid.*, p. 85-90.

Organisation des qualités opposées
de la *persona* et de l'ombre autour de Soi

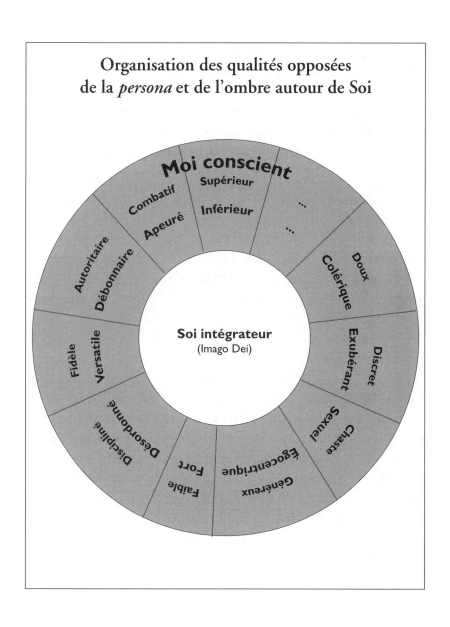

du développement d'un individu. Le Soi intervient pour organiser les éléments psychiques qui sont en conflit en un tout harmonieux. Et comment accomplit-il cette intégration? Il le fait en évoquant des symboles transcendants aptes à pacifier l'esprit et à créer l'unité entre des forces psychiques contraires. J'examinerai plus loin le rôle unificateur et harmonisateur des symboles religieux.

Une fois que l'individu a consenti à être «crucifié» entre son ego et son ombre, le Soi vient à sa rescousse. Il lui offre une forme de «résurrection», une transformation de lui-même à travers la conciliation qu'il opère. Pour Jung, celle-ci marque le début du processus d'*individuation*. À partir des éléments épars et opposés du psychisme, le Soi crée une nouvelle organisation interne de la personne, une «complexification» de l'être. Celui-ci acquiert du même coup une plus grande maturité; il est davantage *lui-même* et possède plus sûrement ses ressources. Il résout les apparentes contradictions de sa personne et de ses actions dans une harmonie supérieure et connaît ainsi un état idyllique où cohabitent les antagonismes les plus violents. Le prophète Isaïe a fait une description poétique de cet état de grâce qui caractérise les temps messianiques: «Le loup habitera avec l'agneau. Le léopard se couchera près du chevreau. Le veau et le lionceau seront nourris ensemble [...] La vache et l'ourse auront même pâture, leurs petits, même gîte. Le lion, comme le bœuf, mangera du fourrage[21].»

---

21   *Isaïe* 11, 7-8.

Transcender la situation que crée le conflit de l'ego et de l'ombre

Le sacrifice de l'ego

Pour résoudre la tension énoncée plus haut, l'ego doit d'abord lâcher prise. Il a pourtant tendance, dans cette situation, à avoir peur et à renforcer son contrôle sur la personnalité. Or, l'ego doit au contraire savoir abandonner son attitude volontariste et rationnelle pour se placer sous l'autorité du Soi divin. Il doit se montrer prêt à *se sacrifier*, c'est-à-dire à abandonner sa prétention d'être le centre psychique et de vouloir tout gérer de son point de vue.

Cette mort symbolique de l'ego évoque l'image du grain de blé tombé en terre dont parle Jésus dans l'évangile: «Si le grain de blé qui tombe en terre ne meurt pas, il reste seul; si au contraire il meurt, il porte du fruit en abondance. Celui qui aime sa vie la perd, et celui qui cesse de s'y attacher en ce monde la gardera pour la vie éternelle[22].»

La mort de l'ego lui donne une toute nouvelle vision du monde, celle du Soi: le mal est vaincu, la vie renaît de la mort, l'amour divin ressuscite ce qui était perdu.

La personne avisée pressent et promeut cette désintégration apparente, mais prometteuse, du moi. Mais en général, les gens tardent à prendre les mesures nécessaires, ne s'apercevant pas du changement amorcé en eux. Il y a alors danger qu'un événement

---

22   *Jean* 12, 24-25.

négatif comme une maladie, un échec, une faillite, un licenciement ou un surmenage, déclenche un affrontement déstabilisant de l'ego de la personne avec son ombre.

L'action polarisante du Soi

À lire certains auteurs, on pourrait croire que le mouvement de transcendance vers un au-delà des catégories du bien et du mal et des diverses dualités se fait naturellement, comme par magie. Le seul sacrifice de l'ego suffirait à assurer un salut certain. Ces personnes passent sous silence le fait que cette réalisation n'est pas une tâche de tout repos. Pour y arriver, il est nécessaire de s'abandonner à la sagesse du Soi et à sa puissance d'intégration. Cela exige un grand courage et une confiance certaine dans le pouvoir de guérison et d'intégration du centre spirituel de son être.

La réussite de cette entreprise nécessite les efforts conjugués de la psychologie et de la religion. L'équilibre psychologique recherché dans le dépassement de la dichotomie ego-ombre dépend de l'abandon de la position de contrôle du moi en faveur de «la fonction transcendante» du Soi, selon l'expression de Jung. Grâce à cette fonction, il produit des symboles unificateurs qui permettent et signalent de nouvelles synthèses psychiques. Dans la zone sacrée du psychisme s'exerce ainsi une activité que l'on peut qualifier de religieuse. Comme l'étymologie du mot le suggère — *religare*, relier —, cette activité a pour fonction de lier, c'est-à-dire de réconcilier les opposés psychiques tels que le masculin et le féminin, l'amour et la puissance, la souffrance et le salut, la perte et le gain, l'action et la méditation, la possession et la pauvreté, la liberté de choix et le devoir, etc.

L'émergence de symboles sacrés
au moment de la réintégration par le Soi

Nous venons de le voir, le travail de conciliation du moi et de l'ombre commencé par une véritable *crucifixion* se transforme en une *résurrection* sous l'action du Soi. Concrètement, cette conciliation est perceptible par la conscience quand surgissent en elle des symboles sacrés. Ces symboles auront commencé à se manifester dans les rêves, durant les exercices psychologiques et spirituels ainsi que durant les activités d'ordre artistique. Ce sera le signe qu'une transformation psychique profonde est amorcée. Par ailleurs, l'étymologie même du mot symbole — *sun bolè*, «mettre ensemble» — suggère cette opération d'intégration. C'est bien l'effet produit sur le psychisme par les grands symboles religieux tels que la croix, le mandala, le Tai-Chi-Chu, la Fleur d'or, la Mandorle, etc. (voir illustrations aux pages suivantes).

Lors d'un exercice d'intégration de l'ego et de l'ombre, quatorze des vingt participants ont affirmé avoir eu présente à l'esprit une image sacrée ou avoir vécu une expérience religieuse. L'émergence de symboles sacrés chez une personne annonce une nouvelle «complexification» de son être ainsi que la naissance d'une unité nouvelle. Leur manifestation à l'occasion d'activités artistiques, d'imageries mentales ou de rêves signifie l'avènement d'une libération intérieure et d'une compréhension élargie de soi. Elle est en même temps un signe avant-coureur de guérison de maladies, de désordres mentaux et de sécheresses spirituelles. La personne comblée par de telles révélations intérieures voit se réaliser progressivement en elle son individualité propre qui constitue sa manière unique d'être une *image de Dieu.* Elle acquiert une profonde connaissance à la fois d'elle-même et de sa mission dans le monde.

En conclusion, reprenons la légende du loup de Gubbio. Saint François d'Assise personnifie le Soi. Il enjoint les villageois orgueilleux de ne pas combattre leur loup, c'est-à-dire leur ombre. Mais, bien au contraire, il les invite à accepter le loup comme un des leurs, à bien le traiter en le nourrissant. Ainsi, le loup, au lieu d'être une menace, deviendra une partie intégrante du village. Sa présence constante aidera les villageois à être moins méprisants, moins arrogants et, dès lors, plus humbles et plus vrais.

Tai-Chi-Chu

Mandala

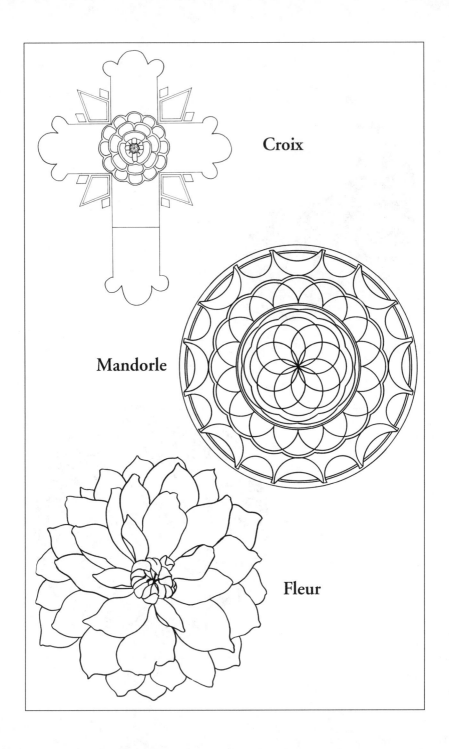

Croix

Mandorle

Fleur

Cinquième chapitre

Reconnaître son ombre

Je ne suis pas moi
Je suis celui qui marche près de moi
que je ne vois pas
Celui que je visite parfois
et que j'oublie d'autres fois
Celui qui me pardonne
quand je mange des friandises
Celui qui marche dans la nature
quand je suis à l'intérieur
Celui qui demeure silencieux
quand je parle
Celui qui se tiendra debout
quand je mourrai

Juan Jiménez

Histoire du portefeuille perdu

Par une belle soirée d'été, un homme regarde par la fenêtre. Il y aperçoit son voisin à quatre pattes dans la rue. Celui-ci semble chercher quelque chose sous le lampadaire. Il se dit alors: «Je vais l'aider à retrouver ce qu'il a perdu.»

Il s'approche de son voisin et lui demande: «Qu'est-ce que tu as perdu?» L'autre répond: «J'ai perdu mon portefeuille. Ce qui m'embête le plus, ce n'est pas d'avoir perdu l'argent qu'il contenait, mais bien toutes mes cartes d'identité et de crédit.»

Notre bon samaritain se met lui aussi à chercher autour du lampadaire, sur le trottoir, dans la rue, sur les gazons adjacents. Après des multiples efforts infructueux, il s'avise de demander: «C'est bien ici que tu l'as perdu, ton portefeuille?» Naïvement, son compagnon lui dit: «Non, pas ici, mais dans le champ là-bas.» Notre homme n'en croit pas ses oreilles. Comment son voisin peut-il penser retrouver son portefeuille sous le lampadaire alors qu'il l'a perdu ailleurs? Intrigué, il lui demande d'expliquer sa conduite. L'autre répond candidement: «Pourtant, c'est tout simple: il fait beaucoup plus clair ici.»

La tâche la plus difficile à laquelle doit se mesurer celui qui désire «embrasser son ombre» est justement de la chercher au bon endroit. Cette quête est d'autant plus éprouvante que le propre de l'ombre est de se dissimuler dans l'inconscient. Comme la face cachée de la lune, l'ombre demeure ignorée, obscure et mystérieuse.

Nier l'existence de son ombre

Avant de pouvoir rencontrer son ombre, on devra se défaire du déni d'existence qu'on lui prête. Elle est en général si bien ignorée qu'elle devient une composante occultée de l'être. Il importe donc d'en reconnaître la présence en soi et de l'accepter comme une partie intégrante de sa personne, bien qu'elle soit obscure, fuyante et mystérieuse.

Voici comment R. D. Laing, dans un style bien à lui, décrit la difficulté de percevoir son ombre malgré l'influence continuelle qu'elle exerce sur soi:

> Le champ de conscience de ce que nous pensons et faisons
> se trouve limité par ce que nous omettons d'y remarquer.
> Et parce que nous ne remarquons pas
> ce que nous omettons de remarquer.
> Il y a donc peu de choses que nous pouvons faire
> pour nous changer
> à moins de nous rendre compte que ce que nous omettons
> de remarquer influence nos pensées et nos actions[23].

---

23   Cité dans Zweig, *op. cit.*, p. xix.

Notre ombre serait-elle insaisissable? Serions-nous condamnés à toujours ignorer ce côté de nous-mêmes? Comment la découvrir pour ensuite l'embrasser et la réintégrer dans notre conscience? Voilà des questions auxquelles le présent chapitre s'attache à répondre.

A. Stratégies pour reconnaître son ombre

Je vous propose ici un ensemble de stratégies capables de vous aider à reconnaître les manifestations de votre ombre et, par suite, de vous amener à vous en faire une idée plus juste et plus claire.

Première façon de reconnaître son ombre: découvrir le côté occulté de sa personne à l'aide de questions

Voici huit questions qui vous aideront à cerner les contours de votre ombre. Pourquoi tant de questions? Parce que vous aurez besoin de plusieurs réponses convergentes pour parvenir à identifier les diverses facettes de votre ombre.

Première question

La première question comporte deux volets. Quels sont les aspects les plus flatteurs de votre ego social, ceux que vous aimeriez voir reconnus par les autres? Demandez-vous ensuite quels sont les qualités ou traits contraires que vous avez dû refouler.

Cette question touche à l'image sociale que vous voulez renvoyer à votre entourage. Prenons un exemple; si vous avez souhaité passer pour une personne douce, généreuse et souriante, il est fort probable que vous aurez eu à dissimuler votre agressivité, votre égocentrisme et vos accès de mauvaise humeur. Ces traits de caractère que vous avez refoulés composent en fait les diverses facettes de votre ombre.

Si vous en avez le courage, identifiez-vous aux divers aspects de votre ombre et dites par exemple: «Je suis agressif; je suis égoïste; je suis de mauvaise humeur.» Restez attentif aux émotions qui monteront alors en vous au moment même où vous prononcez ces mots. Les réactions émotives sont très diverses. Certains diront: «Je me sens confus», d'autres: «Je me sens coupable et honteux»; d'autres, enfin, affirmeront: «Je me sens dynamisé.»

Deuxième question

Quel(s) sujet(s) de discussion avez-vous tendance à éviter dans vos conversations?

Serait-ce la sexualité, l'agressivité, la foi, les ambitions, l'incompétence, etc.? Il est certain que les sujets que vous esquivez révèlent votre peur de dévoiler un côté honteux de vous-même. À moins d'avoir pleinement confiance en votre interlocuteur, vous vous sentirez très mal à l'aise en les abordant.

Le jour où vous y serez parvenu — choisissez plutôt un auditeur discret et digne de votre confiance —, vous aurez déjà réussi à apprivoiser une partie de votre ombre.

Troisième question

Dans quelles situations vous sentez-vous devenir nerveux, hypersensible et sur la défensive? Quel type de remarques vous fait réagir?

La vivacité de votre réaction vous étonne-t-elle vous-même? Si oui, c'est signe qu'on vient de piétiner une zone de vous-même que vous n'acceptez pas. L'inconfort ressenti ou votre réaction excessive démontre à l'évidence que l'on vient d'écorcher une partie sensible de votre ombre.

La même remarque s'impose pour un groupe. Le silence embarrassé d'un groupe à la suite d'un commentaire d'un de ses membres signalera qu'il a abordé un sujet tabou. Autrement dit, cette intervention a levé le voile sur l'ombre collective. Ainsi en serait-il si on parlait de «corde» dans une famille où quelqu'un s'est pendu.

Quatrième question

Dans quelles situations avez-vous le sentiment d'être inférieur ou de manquer de confiance en vous-même? La plupart du temps, n'est-ce pas toutes les fois où vous ne vous sentez pas à la hauteur de la situation, faute de pouvoir vous considérer comme assez compétent, articulé, intelligent, discret, etc.?

Au cours de mes études, je me suis retrouvé avec un groupe composé principalement d'artistes. J'expliquais mal mon malaise constant jusqu'au moment où j'ai pris conscience d'avoir négligé, voire refoulé en moi, toute expression artistique.

Cinquième question

Dans quelles situations éprouvez-vous de la honte? Dans quel domaine paniquez-vous à l'idée de laisser paraître une faiblesse? Vous sentez-vous embarrassé si on vous demande, à brûle-pourpoint, d'accomplir une activité quelconque — parler ou chanter en public, par exemple?

Sixième question

Êtes-vous porté à vous offusquer d'une critique faite à votre endroit? Quelles sortes de critiques vous agacent ou même vous irritent?

Une réaction violente à une remarque signale encore une fois qu'une facette de votre ombre vient d'être mise à nu. Si vous réagissez toujours aussi vivement à une critique récurrente de vos proches, cela signifie qu'ils dévoilent un aspect occulté de votre personne que vous ne tenez pas à montrer.

Ce type de réaction excessive pourrait être expliquée autrement: vous seriez devenu le «bouc émissaire» d'un groupe. Il faudrait alors vous demander ce qui, chez vous, a pu inciter les personnes de votre entourage à vous choisir comme le dépositaire de leur ombre.

Septième question

Avez-vous de la difficulté à accepter un compliment?

Si quelqu'un vous fait des compliments — par exemple, «vous êtes élégant, vous êtes créateur, vous faites bien les choses» — que vous refusez d'accepter, parce que vous n'y reconnaissez aucun fondement, considérez devoir en accorder le crédit à d'autres, ou encore en minimisez la portée, vous auriez avantage à vous interroger sur le motif de vos réactions: «Qu'ai-je donc à me défendre avec tant d'énergie contre ces marques d'admiration? Ne suis-je pas en train de camoufler une partie de mon ombre, à savoir un ardent désir non avoué d'être admiré?»

Huitième question

À propos de quoi vous sentez-vous bouleversé ou insatisfait de vous-même? Serait-ce, par exemple, au sujet de votre apparence physique ou d'un trait de caractère?

Si oui, il est probable que vous cherchez à dissimuler quelque chose que vous considérez comme une faiblesse. En revanche, il se peut que votre *persona* vous impose des idéaux de réussite, de beauté ou de perfection impossibles à atteindre et qu'en conséquence vous vous forciez à refouler tout ce qui ne satisferait pas ces exigences.

En définitive, l'acceptation de vos imperfections, de vos défauts, de vos déficiences et de vos erreurs démontrera que vous avez commencé à apprivoiser votre ombre. Ne serait-ce point là le début d'une sagesse qui a pour nom l'humilité?

Neuvième question

Par quelle qualité votre famille se distinguait-elle dans votre milieu? Toute famille présente un trait caractéristique. Ainsi, on dira des Monbourquette: «Ce sont des gens honnêtes»; des Tremblay: «Ils sont courageux»; des Allard: «C'est une famille de travailleurs»; des Royer: «Ils sont hospitaliers.»

Pour identifier votre ombre familiale, vous n'aurez qu'à repérer la qualité opposée à celle reconnue par l'entourage. Par exemple, pour maintenir sa réputation d'honnêteté, une famille aura dû renoncer à user d'une certaine débrouillardise ou diplomatie; pour conserver celle de courage, il aura fallu réprimer toute manifestation de peur; pour obtenir une renommée de travailleur, on aura eu à se priver de tout loisir. Quant aux Royer, pour pratiquer l'hospitalité d'une façon continue, ils auront renoncé à se donner des frontières familiales.

L'ombre familiale sera donc ce que la famille ne s'est pas permis de vivre et d'exprimer.

Deuxième façon de reconnaître son ombre: analyser ses rêves

Si Jung est le premier à avoir utilisé le terme «ombre» pour désigner le sinistre personnage qui vient hanter les rêves, la psychanalyse freudienne avait déjà démontré que le rêve était le lieu privilégié de la rencontre avec son ombre. Elle attribue en effet au rêve une fonction compensatoire aux comportements sociaux. L'inconscient se permet ainsi d'y exprimer sans retenue tout ce que l'on réprime par politesse ou par limitation sociale.

Selon Jung, l'ombre qui habite les rêves revêt, en général, la forme d'un personnage qui affiche un air sinistre, menaçant, répugnant ou hostile. Il est souvent laid, infirme ou difforme. Parfois, l'ombre prend la figure d'un animal féroce: un serpent prêt à attaquer, un chien enragé, un lion sauvage, etc. Le rêveur se sent souvent poursuivi, menacé, voire assailli par son ombre. Il cherche alors soit à fuir ou à se cacher, soit à contre-attaquer. De tels rêves lui signalent qu'un aspect important de lui-même, jusque-là resté caché, cherche à se manifester.

Les rêves au cours desquels l'ombre passe à l'attaque — surtout si ces attaques sont récurrentes — avertissent le rêveur de l'urgence de tenir compte de son côté obscur, de le faire émerger à la conscience pour finalement l'accueillir comme une partie intégrante de sa personne. Si les avertissements répétés sont ignorés par le sujet, celui-ci s'expose à toutes sortes de dangers: accidents, maladies, dépression, difficultés relationnelles, etc.

Il est important d'être bien disposé à l'égard de l'ombre, afin d'en reconnaître la présence et d'en respecter les messages. Cette attitude permettra de percevoir les manifestations de l'ombre, bien qu'elles soient pourtant évanescentes et furtives. C'est d'ailleurs pourquoi certains les considèrent comme de simples élucubrations ne méritant pas que l'on y prête attention.

Quelques exemples de rêve

En guise d'illustration, voici des rêves qui mettent en scène des personnages typiques de l'ombre. Ils vous fourniront une occasion d'apprendre à travailler sur la partie obscure de votre être.

Mon frère, mon ombre

L'apparition fréquente dans mes rêves de mon frère Marc m'indiquait la présence agissante de mon ombre. Ce dernier me poursuivait souvent, cherchant à m'attaquer, à me battre ou à me faire tomber. Au cours d'un de ces rêves que j'ai qualifiés de prémonitoires, mon frère me poursuivait en voiture à vive allure. Pour éviter d'être renversé, je m'étais élevé dans les airs à une trentaine de mètres. À mon réveil, j'ai eu le sentiment d'être resté suspendu dans les airs. Quelques jours plus tard, j'ai eu un grave accident de la route. Quand je me suis retrouvé étendu sur le plancher de la voiture, indemne mais recouvert de parcelles de vitre, j'ai entendu une voix me dire: «Enfin, tu as atterri sans te tuer!» Par la suite, chaque fois que mon frère m'apparaissait dans un rêve, je prêtais une attention particulière au message qu'il m'envoyait. Car je devenais de plus en plus convaincu que mon ombre en savait plus que moi sur le déroulement de ma vie. À deux reprises, celle-ci m'a averti de dangers possibles que j'ai cependant pu éviter.

J'ai peu à peu compris la raison d'être d'un tel phénomène. Durant mon enfance et mon adolescence, je ne voulais d'aucune façon ressembler à mon frère aîné. Je croyais pouvoir échapper par là à l'antipathie que mon père lui vouait et, du même coup, mobiliser pour moi seul l'affection et la confiance paternelles. Aussi, pour éviter de lui ressembler, j'ai dû développer chez moi des traits de caractère totalement opposés aux siens. Je tiens à ajouter que, depuis que je me suis réconcilié avec lui avant sa mort, je ne l'ai jamais plus revu dans mes rêves.

La rencontre du cobra

Dans un autre rêve, je me suis vu coincé par un cobra qui s'apprêtait à me mordre. Je me suis réveillé en sursaut, encore tout saisi de peur. Tout de suite, j'ai noté ce rêve dans un calepin avant qu'il ne s'efface de ma mémoire. Puis, au cours d'une rêverie éveillée, je demandai au cobra pour quel motif il voulait m'attaquer. Il me répondit d'emblée: «Je veux te détruire parce que tu es trop pacifique, tu n'es pas assez combatif.» J'ai vite compris son message qui se rapportait aux situations pénibles dont je n'arrivais pas à sortir. J'ai donc proposé au cobra la négociation suivante: je lui céderais mon esprit pacifique en échange de sa combativité. Cet échange m'a été profitable. Peu après, j'ai senti en moi l'énergie et le courage nécessaires pour régler mes difficultés et échapper à l'épuisement professionnel qui me guettait.

La sorcière aidante

Voici un autre rêve qui illustre bien la sagesse de l'ombre. Une religieuse me demanda une entrevue. Elle avait reçu l'ordre d'abandonner l'œuvre qu'elle avait fondée. Elle avait ainsi dû quitter un emploi qui lui tenait à cœur et auquel elle avait consacré vingt ans de sa vie. De nature soumise, elle croyait avoir bien accepté la décision de sa supérieure et paraissait faire peu de cas de la profonde déception causée par ce brusque changement de parcours.

Durant l'entrevue, elle me raconta un rêve qui l'avait fort intriguée. Elle se trouvait dans un centre commercial en compagnie d'autres religieuses. En descendant un escalier roulant, elle aperçut, tout en bas, une forme noire qui bougeait. Cette forme se précisait peu à peu et elle y reconnut les traits d'une sorcière. Elle fut saisie d'une grande peur. Une fois rendue au bas de l'escalier, elle y découvrit un vêtement noir étendu sur le sol. En se penchant pour le ramasser, elle se rendit compte, stupéfaite, que c'était la tunique de la sorcière. Reculant d'effroi, elle laissa tomber le vêtement. Puis elle s'en alla rejoindre ses compagnes, qui ne semblaient s'être aperçues de rien.

À son réveil, elle eut le sentiment d'avoir fait un rêve significatif pour elle, mais elle n'arrivait pas à l'interpréter. Pendant notre entretien, je l'ai invitée à revivre son rêve. Malgré sa répugnance, elle accepta de prendre le rôle de la sorcière. Elle sentit monter en elle une grande colère. Elle s'anima, devenant débordante d'énergie. Je lui conseillai de poursuivre son identification à la sorcière en simulant de revêtir la tunique qu'elle avait reçue d'elle. À son grand étonnement, elle constata que la tunique lui allait fort bien et qu'elle s'y sentait très à l'aise. La métamorphose qu'elle avait consenti à subir l'avait mise en contact avec sa colère refoulée et, du même coup, avec sa puissance intérieure. L'exercice qui consistait à refaire son rêve à l'état d'éveil pour le compléter lui aura sans doute épargné une éventuelle dépression.

Plusieurs fois, j'ai pu observer que l'ombre qui se présente dans les rêves sous des traits d'ennemie se transforme par la suite en une précieuse alliée. Pour qu'il en soit ainsi, il faut avoir le courage d'accepter de la rencontrer, de l'écouter, de l'apprivoiser et, enfin, de s'en faire une amie.

Il accepte enfin sa tendance homosexuelle

Une ombre qui fait irruption dans un rêve est loin d'avoir une forme fixe. Elle peut changer d'un rêve à l'autre. Aussi, grâce à un examen suivi de ses rêves, il devient possible de détecter l'évolution de ses rapports avec son ombre. L'histoire de ce jeune homme ayant une forte tendance homosexuelle le démontre bien. Celui-ci acceptait si peu son orientation homosexuelle qu'il se détestait. Cette attitude de refus se reflétait dans ses rêves; il s'y voyait en train de rouer de coups un jeune homme qui lui faisait des avances sexuelles. Grâce à une thérapie, il apprit peu à peu à accepter son côté homosexuel, mais, plus encore, il en vint à apprécier son côté féminin et délicat. Plus tard, il fit un rêve dans lequel, loin de rudoyer le jeune homme, il acquiesçait à ses propositions amoureuses. Ce rêve manifestait que mon client s'était réconcilié avec sa tendance homosexuelle.

Troisième façon de reconnaître son ombre: être attentif à ses fantasmes et rêveries éveillées

Un autre moyen de faire connaissance avec son ombre est d'être attentif à ses fantasmes et à ses rêveries, auxquels on néglige habituellement de s'attarder. Comme les ruminations intérieures ou les états d'âme, ces phénomènes sont des avancées de l'ombre affleurant la conscience. Il est nécessaire de les laisser se déployer spontanément pour prendre connaissance des éléments qui animent ce monde intérieur: instincts de compétition, élans de pouvoir, désirs de richesses, poussées de sexualité, sentiments d'envie et de jalousie, montées de frustrations, etc. Ils passent et repassent si rapidement dans l'esprit qu'ils sont insaisissables. Il faut dire que leur caractère immoral, grossier, voire sauvage les rend souvent inacceptables à la conscience morale. Quoi qu'il en soi, ils révèlent sans équivoque la présence agissante de l'ombre.

Cependant, l'ombre ne comporte pas uniquement des éléments négatifs. Elle comprend aussi des éléments positifs tels que des élans vers le bien ou des inspirations créatrices. L'ombre blanche occupe, elle aussi, une place importante dans les rêveries et les fantasmes éveillés. On a parfois tendance à l'oublier.

Quatrième façon de reconnaître son ombre: examiner de près la nature et le contenu de l'humour

On a dit de l'humour qu'il est «la vérité de l'ombre». L'examen de son humour ou encore de ses réactions à diverses formes d'humour permet d'identifier la nature de son ombre. Quand on rit de son voisin aux prises avec des situations embarrassantes, on sent souvent le besoin de s'excuser de son rire et de se défendre d'avoir la moindre intention méchante. On dira: «Je ris parce que c'est drôle» ou encore: «Ne prends pas ça mal, ce n'est qu'une plaisanterie.» En vérité, ce rire n'est pas aussi innocent qu'on veut bien le laisser croire...

Si l'on y regarde de plus près, le rire s'explique souvent par des répressions. Il vient désamorcer la tension entre la volonté de perfection et des penchants refoulés par le surmoi. Que l'on pense au fou rire suscité par une maladresse commise lors d'une cérémonie solennelle, par la chute d'un personnage compassé ou encore par un lapsus au cours d'un discours trop sérieux.

L'humour spontané trahit la présence de l'ombre et de sa nébuleuse de pensées, de désirs et de fantasmes réprimés dans la vie courante. Il trahit ce côté de soi qu'on croit inacceptable par l'entourage. On sait qu'on a tort de rire du malheureux qui glisse sur une peau de banane ou qui reçoit en pleine face une tarte à la crème. Il y a néanmoins une partie de soi qui ne peut s'empêcher de se réjouir de l'humiliation subie par un autre. D'abord parce que soulagé de ne pas se trouver dans une situation aussi gênante, mais aussi en vertu de ce sadisme tapi dans le tréfonds de son ombre.

Pour mieux saisir notre ombre à travers l'humour, posons-nous les questions suivantes: quelles situations me font le plus rire? Dans quels domaines de l'activité humaine s'exerce mon hilarité? Les réponses à ces questions dévoileront des côtés réprimés de notre personnalité.

Au contraire, si quelqu'un n'a pas d'humour, c'est qu'il possède une ombre si bien enfouie et tellement cuirassée qu'elle ne parvient même pas à se manifester par le rire.

Cinquième façon de reconnaître son ombre: examiner ses projections sur autrui

Freud disait des rêves qu'ils sont «la voie royale d'accès à l'inconscient» *(via regina)*; je pourrais tout aussi bien l'affirmer des projections: elles sont la voie royale d'accès à l'ombre. En raison de l'importance de ce sujet, j'ai cru devoir y consacrer tout le prochain chapitre.

B. Comment reconnaître l'ombre d'autrui

Il est aussi nécessaire de détecter l'ombre d'autrui pour éviter de se laisser obscurcir.

Réactions à une remarque

Si une remarque bouleverse ou irrite quelqu'un, il est probable qu'elle ait *accroché* une zone «ombragée» de son être. Malgré les efforts qu'il aura pu déployer pour cacher ce côté de lui-même, la violence de sa réaction l'aura mise à découvert. Lors d'une séance de thérapie, un psychologue osa livrer à son client l'opinion qu'il s'était faite sur lui: il avait cru détecter chez lui des tendances suicidaires. L'interprétation mit le client en colère: il nia avec véhémence avoir des idées suicidaires. Mais le psychologue s'entêta à maintenir son interprétation. Le client claqua la porte et abandonna ce psychologue qu'il jugeait impertinent.

Un peu plus tard, j'acceptai cet homme en thérapie. Il me raconta sa mésaventure, m'enjoignant de ne pas poursuivre la piste de son ancien thérapeute. Néanmoins, au cours de nos rencontres, il m'avoua souhaiter parfois un accident cardiaque qui le libérerait des tensions accumulées au cours des multiples déboires de son existence. L'interprétation de son premier thérapeute avait touché juste en révélant son désir inconscient de mourir. Il avait néanmoins commis une erreur en ne respectant pas la protestation du conscient de son client. À cause de sa formation morale, cet homme s'interdisait toute idée suicidaire, mais son ombre, elle, avait considéré cette possibilité.

L'utilisation des interdictions

L'ombre trouve aussi à s'exprimer dans les interdictions que l'on impose aux autres. Pas besoin d'être fin psychologue pour reconnaître l'ombre d'un père quand il avertit ses filles de *ne pas* coucher avec les garçons, ou celle de la mère quand elle dit à son fils de *ne pas* voler des tablettes de chocolat chez le dépanneur. En vérité, les interdictions révèlent davantage les résistances de leurs auteurs aux pulsions de leur ombre qu'une saine préoccupation éducative. Sans s'en rendre compte, plusieurs éducateurs, en raison de la tournure négative de leurs directives, poussent les enfants à transgresser leurs propres interdits moraux. Il serait si facile de donner des règles de conduite formulées d'une façon positive plutôt que de le faire sous la forme d'interdits.

Ne glissent-ils pas dans ce même travers, ces prédicateurs qui se complaisent à vilipender les écarts sexuels de leurs auditeurs? La fougue qu'ils y mettent ne manifesterait-elle pas qu'ils se débattent eux-mêmes avec leurs propres pulsions sexuelles? Aussi, il n'est pas étonnant que certains prédicateurs parmi les plus acharnés à dénoncer la permissivité sexuelle se soient eux-mêmes rendus coupables de délits sexuels. Leur prédication reflète davantage leurs propres conflits avec leur ombre que le souci d'enseigner une saine doctrine d'ordre moral ou spirituel.

Les blâmes et les critiques sur autrui

Voici enfin un dernier moyen de découvrir l'ombre d'autrui. Il consiste à écouter les blâmes et les critiques qu'une personne se permet de formuler sur le compte des autres. Écoutons là-dessus les propos de Ken Wilber: «En réalité, nos critiques virulentes sur les autres ne sont rien d'autre que des pièces non reconnues de notre propre autobiographie. Si vous voulez connaître à fond quelqu'un, écoutez ce qu'il dit sur le compte des autres[24].»

En conclusion, rappelons que tout travail sur son ombre commence par la reconnaissance de celle-ci. En premier lieu, la connaissance intellectuelle de l'ombre nous aide à soupçonner sa présence en nous. Puis, une connaissance plus pratique nous apprend à accueillir cet «ennemi en nous» et, éventuellement, à le transformer en ami.

---

24 K. WILBER, *The Spectrum of Consciousness*, Wheaton, U.S.A., Theosophical Publishing House, 1982, p. 203.

Sixième chapitre

Reprendre possession de ses projections

Les côtés mal aimés de nous-mêmes
que nous tentons en vain
d'éliminer de nos vies
se projettent sur les autres,
et nous forcent à les reconnaître.

J. M.

Histoire du bûcheron
qui avait perdu sa hache

Un bûcheron cherchait sa hache. S'étant aperçu qu'il l'avait perdue, il se mit à la chercher aux endroits où il l'avait récemment utilisée, mais sans succès.

Peu à peu, une idée s'imposa à son esprit: on lui avait volé sa hache. Son soupçon se porta alors sur le fils du voisin.

Il se mit à surveiller le comportement du jeune homme. À force de l'observer, sa suspicion se changea bientôt en certitude: ce garçon était un voleur. Son regard n'était pas franc; son allure était louche; son air craintif le trahissait. Bref, il avait le regard d'un voleur, la démarche d'un voleur, l'air d'un voleur. Notre bûcheron attendait seulement l'occasion propice pour le démasquer.

Or, un jour, en traversant un terrain où il avait fait une coupe de bois, il trébucha sur un objet: c'était bien sa hache. Cet événement le laissa perplexe. Bien qu'il renonçât à voir un voleur dans le garçon, il continua pourtant à porter sur lui un regard malveillant.

———————

Introduction

La prise de conscience de ses projections sur autrui est la voie royale pour accéder à la réalité fuyante de son ombre. Négliger de reconnaître ses projections bloque le développement intérieur et l'épanouissement social. On est prisonnier en effet des éléments de son ombre que l'on projette sur autrui et, en conséquence, on se prive de la connaissance de ses propres ressources. Qui n'a pas maîtrisé l'art de récupérer ses projections s'enferme sur lui-même. Les aspects de l'ombre attribués aux autres se retournent contre soi; ils suscitent alors des états d'angoisse et de dépression et deviennent la source de nombreux ennuis et conflits dans les relations humaines. Bref, chaque projection non récupérée devient une sorte d'automutilation, d'agression dirigée contre soi-même avec sa propre énergie psychique.

Cependant, on peut apprendre à reconnaître et à neutraliser l'influence néfaste des projections de l'ombre. Si on apprend à les réintégrer dans la zone consciente de son être, elles procureront une connaissance inestimable de son côté obscur et, du même coup, favoriseront une nouvelle harmonie entre l'ombre et le côté conscient.

À ma connaissance, il n'existe aucun test psychologique plus précis et efficace que l'examen de nos projections pour connaître les qualités et les traits de caractère qui manquent à notre développement. En effet, si nous sommes portés à mépriser et à détester, chez autrui, certaines qualités ou traits de caractère, c'est que nous avons un besoin urgent de les développer en nous-mêmes.

Par exemple, si je déteste une personne douce, tranquille et effacée, c'est sans doute qu'il me manque de telles qualités pour contrebalancer ma personnalité trop agressive, ma vie agitée et mon désir de paraître. Il me faudra sans doute d'abord surmonter ma répugnance à devenir doux, tranquille et modeste, c'est-à-dire à ressembler à une personne qui m'est antipathique. Mais une fois le premier mouvement de répulsion maîtrisé, tout ce que je pourrai apprendre de cette personne m'aidera à acquérir une plus grande maturité.

Ce processus de réintégration de l'ombre évoque un principe de l'homéopathie selon lequel on se soigne avec une petite dose du poison qui fut à l'origine du mal.

Deux grands thèmes constituent ce chapitre. En premier lieu, j'analyserai le phénomène de la projection de l'ombre; puis, en second lieu, je décrirai les étapes par lesquelles nous devons passer pour récupérer les éléments de notre ombre que nous avons ainsi projetés.

A. Que veut dire au juste projeter son ombre sur autrui?

Une histoire de projection

Voici une histoire vraie qui permettra de mieux saisir le phénomène de la projection de l'ombre sur autrui. Pour des raisons de discrétion, les noms des personnes concernées ont été modifiés.

Adrien, professeur d'université, ne rate jamais une occasion de dénoncer l'incompétence de son collègue Georges, tant en matière d'enseignement que de recherche. Il est à l'affût de tous les commérages à son sujet. Il se complaît à rapporter les relations pénibles de Georges avec ses étudiants. Il scrute à la loupe ses écrits pour y trouver des erreurs, ne serait-ce que de simples fautes d'orthographe. Il arrive qu'Adrien se surprenne lui-même de son ardeur à dénigrer son collègue.

Parfois, Adrien prend conscience que ses commentaires désobligeants créent un malaise chez les autres professeurs. Il s'étonne de leur aveuglement. Il n'arrive pas à comprendre qu'ils ne voient pas les faiblesses professionnelles de Georges. Pour lui, c'est une évidence. Quelquefois, il soupçonne même une complicité entre eux et Georges.

Adrien n'est pas conscient de sa propre peur d'être taxé d'incompétent. La seule pensée d'être incapable d'atteindre les standards de la profession augmente son angoisse. Elle l'incite à faire de Georges un bouc émissaire. Ainsi, en dirigeant les regards sur les failles de Georges, il a l'impression de se libérer de sa propre anxiété et de faire oublier les siennes.

Le désir d'Adrien de s'assurer une réputation d'excellent professeur l'empêche de voir ses propres faiblesses d'ordre professionnel. Il a refoulé, loin dans son inconscient, la pensée que son travail pourrait présenter des lacunes. Ce qu'il tient caché dans son ombre, il sent l'urgent besoin de le dénoncer chez son collègue.

Georges, de son côté, ne peut s'empêcher d'entretenir envers Adrien un profond mépris pour sa rigidité au travail et son manque d'humanité. Il est en effet rare qu'une projection soit à sens unique. Adrien et Georges sont entraînés dans un mouvement de dénigrement mutuel. Ils ressemblent à deux crabes dans un panier qui ne peuvent plus s'empêcher de s'empoigner dans une étreinte hostile.

Théorie de la projection

La projection est un phénomène à la fois psychologique et spirituel. Conscient de l'étendue que pourrait prendre une étude approfondie de cette question, je me limiterai ici à en exposer la conception jungienne. Marie-Louise von Franz, une célèbre disciple de Carl Jung, la définit à la suite de son maître «comme un transfert inconscient, c'est-à-dire non perçu et involontaire, d'éléments psychiques subjectifs refoulés sur un objet extérieur[25].» Autrement dit, la projection consiste à voir, à entendre et à sentir, par réverbération sur l'extérieur, des émotions, des qualités, des traits qu'on a refoulés en soi. Il se produit donc un déplacement du matériau psychique «du dedans» de soi «vers le dehors» de soi.

La psychanalyse voit dans la projection une défense primaire du conscient contre les débordements possibles de l'inconscient. Elle soutient que tout ce qui est inacceptable au conscient se

---

25   M.-L. VON FRANZ, *Reflets de l'âme*, Orsay, Éditions Entrelacs, 1992, p. 15.

retrouvera tôt ou tard en dehors de soi-même, sur des objets, des animaux ou des personnes.

Von Franz précise que le «projecteur» — l'auteur de la projection — reste presque toujours inconscient et de son acte de projeter sur autrui et de ses projections. La seule chose dont il ait conscience, c'est d'être sous l'emprise d'un sentiment intriguant dont l'objet peut être soit fascinant, soit repoussant. Il éprouve de l'attraction si les qualités ou les traits de caractère projetés sont considérés comme désirables pour lui; de la répulsion si ces qualités ou traits projetés sont troublants ou menaçants pour lui. En conséquence, il sera porté soit à idéaliser la personne dans le premier cas, soit à la mépriser dans le second. Dans les deux cas, l'appréciation du «projecteur» sera faussée, car elle sera disproportionnée par rapport au réel. Enfin, il croira avoir affaire à une réalité extérieure à lui-même alors qu'il la vit dans son propre inconscient.

Projections de l'ombre dans l'amour passionnel

L'amour passionnel offre un terrain fertile en projections. La personne aimée qui sert de «support symbolique» de la projection s'y trouve investie d'un aspect fascinant. Si l'amour est réciproque, il y a projection mutuelle. L'amour passionnel se nourrit en effet de la projection mutuelle de l'ombre blanche des conjoints.

En phase d'attraction, l'amoureux voit dans la bien-aimée l'incarnation de qualités qu'il désirait posséder, mais dont l'acquisition a été refoulée dans son ombre. Aussi, en s'attachant à elle, il a le sentiment de récupérer à son propre compte les qualités désirées qu'il a occultées. Quelqu'un a écrit avec humour qu'il est plus facile d'épouser un ou une partenaire munie des qualités qu'on désire posséder que de s'évertuer à les acquérir. L'amant tranquille, affectueux, économe, bohème aura dès lors tendance à tomber amoureux d'une femme dynamique, distante, généreuse et persévérante. Dans l'amour passionnel, les contraires s'attirent.

Mais, une fois la passion refroidie, survient un revirement de situation. Car dans l'amour passionnel, la fascination est versatile. À l'usure du quotidien, l'attraction va même se transformer insensiblement en répulsion. Ce n'est pas la personnalité de l'amant qui a changé, mais la fascination première qui s'est transformée en frayeur. En effet, avec la diminution de l'attraction sexuelle, les vieilles peurs, nourries par l'ombre, refont surface. On revient au point de départ, c'est-à-dire au moment où on avait rejeté dans son ombre tout ce qui aurait pu être cause de rejet social.

Par exemple, dans le couple, ce qui fascinait au début de la relation devient un repoussoir. L'époux a alors l'impression que l'épouse idéale du temps des amours a changé du tout au tout: de «dynamique», elle s'est métamorphosée en «hystérique»; de «réservée», en «un frigidaire»; de «généreuse», en «contrôleuse»; de «persévérante», en «entêtée». Et l'épouse vit le même drame: elle voit que son conjoint s'est transformé: de «tranquille», il est devenu «ennuyeux»; d'«affectueux», «maniaque sexuel»; d'«économe», «avare»; de «bohème», «infidèle». Les raisons pour lesquelles ils s'étaient mariés sont devenues motifs de séparation.

Il n'est pas facile, pour les conjoints, de sortir de l'impasse créée par la projection mutuelle de leur ombre, même si au début elle leur semblait bienfaisante. Pour sauver leur couple, ils n'auront d'autre option que de cesser de se blâmer l'un l'autre, de se réapproprier leur ombre respective et de rebâtir une nouvelle relation fondée sur le respect mutuel de leur personnalité. C'est là le défi majeur que tous les conjoints auront à relever, un jour ou l'autre, s'ils désirent grandir et faire grandir leur union.

La fascination, une caractéristique de la projection de l'ombre

Lors d'une conférence sur l'ombre, un auditeur m'interpella: «D'après votre théorie, l'observation d'un défaut ou d'une faille chez autrui ne serait que le fruit d'une projection.» Cette question me fournit l'occasion d'apporter la distinction importante entre une observation objective et une observation, déformée par une projection de l'ombre, que l'on peut qualifier de subjective.

On peut observer chez quelqu'un des impolitesses ou des maladresses sans se sentir touché ou affecté par elles. Dans un tel cas, il s'agit d'une observation objective. Si, par ailleurs, les impolitesses ou les maladresses de cet individu «énervent» et bouleversent à un point tel qu'on éprouve pour lui de la répugnance ou même de la peur, il y a lieu de croire que c'est une projection sur l'individu en question. On a exagéré ou grossi ses impolitesses ou ses maladresses. On a aperçu en lui ce que, durant toute sa vie, on n'avait jamais voulu reconnaître en soi et que l'on s'est efforcé de refouler dans son inconscient.

Il en est de même pour les préjugés. Si on est porté à prêter, sans raison, des intentions mauvaises à quelqu'un ou encore à le soupçonner sans motif valable, il est évident qu'on fait se refléter sur lui une partie secrète de soi dont on s'est efforcé de nier l'existence jusque-là.

L'effet nocif de la projection

Le penseur et poète Robert Bly affirmait, au cours d'une conférence, que celui qui est l'objet de projection court un réel danger pour l'intégrité de sa personne et même pour sa vie. Il risque en effet, dans les cas de fascination, d'être adulé au point de se faire des illusions sur lui-même ou, dans les cas de répulsion, de devenir le bouc émissaire à persécuter. L'histoire ne témoigne-t-elle pas de projections collectives qui furent la cause de crimes atroces, de persécutions cruelles et de guerre? Pensons seulement à la chasse aux sorcières: des milliers de femmes ont péri sur le bûcher pour avoir été soupçonnées d'être de connivence avec des forces obscures.

Tout en étant moins spectaculaires, les effets des projections courantes, même positives, n'en sont pas moins pernicieux. Marie-Louise von Franz compare celles-ci à des «projectiles». Quiconque aura le malheur d'en être la cible se sentira par la suite plus vulnérable et plus porté à douter de lui-même.

> Quand on projette sur nous des qualités positives ou négatives, cela engendre souvent en nous un certain sentiment d'incertitude concernant notre moi. Nous ne savons plus si oui ou non ces traits de caractère sont vraiment les nôtres,

qu'ils soient bons ou haïssables, surtout qu'il existe presque toujours un «crochet» où la projection a trouvé à «s'accrocher»[26].

Le «crochet» dont parle von Franz signifie que, dans toute projection, le porteur de celle-ci possède un ou des traits qui permettent à la projection de «s'accrocher». Par exemple, si on projette sur quelqu'un son agressivité, c'est que cette personne manifeste déjà certains traits d'agressivité.

On reconnaît de plus en plus l'existence de tels effets nuisibles dans les relations parents-enfants ou thérapeute-client. Bien qu'il serait intéressant de traiter ici de l'influence de l'ombre parentale sur l'inconscient de l'enfant ainsi que du transfert et du contre-transfert qui sont monnaie courante en thérapie, je m'en abstiendrai, car une telle étude dépasserait l'objectif visé dans le présent ouvrage.

La projection et la création d'ennemis

Les paroles de Jésus relatives à l'amour des ennemis sont parmi les plus étonnantes des évangiles: «Vous avez appris qu'il a été dit: Tu aimeras ton prochain et tu haïras ton ennemi. Et moi, je vous dis: Aimez vos ennemis et priez pour ceux qui vous persécutent[27].» D'emblée, pareille prescription rebute et semble déraisonnable. Jésus nous demanderait-il de nous trahir nous-mêmes, voire de nous comporter comme des masochistes?

---

26 FRANZ, *op. cit.*, p. 39.

27 *Matthieu* 5, 43-44.

Mais à la réflexion, l'amour des ennemis paraîtra moins déraisonnable à qui tiendra compte du fait que très souvent nous fabriquons nos propres ennemis en leur faisant porter le poids de notre ombre. Le jour où les individus et les collectivités prendront conscience de cela et apprendront à se réapproprier leurs projections, ils s'en trouveront enrichis et découvriront chez les autres non pas des «ennemis», mais bien des «voisins»... et ils seront moins portés à leur déclarer la guerre. Mais tant qu'ils ne s'appliqueront pas à y travailler, ils pourront s'attendre à être victimes de leurs propres projections, comme le signale ce proverbe hindou: «Choisissez bien vos ennemis, car dans peu de temps vous deviendrez semblables à eux.»

B. La «réappropriation» des projections de l'ombre

Est-il possible d'éviter les projections sur autrui? L'ombre, par définition, est une réalité évanescente; par nature, elle échappe aux prises de conscience directes les plus fines. En revanche, la fascination ou la répulsion qui l'accompagnent sont constantes et permanentes. À travers elles, on a de bonnes chances de découvrir les mouvements de l'ombre et leurs significations. Par leur biais, il est possible de se «guérir» des projections en reconnaissant leur présence en soi et en les récupérant.

À travers quatre cas types de projection, je décrirai les cinq étapes habituelles de réappropriation de son ombre.

Première étape:
faire de la projection d'une façon inconsciente

Voici quatre personnages en situation de projection sur autrui.

1) Christian a été élevé dans un foyer où devaient régner à tout prix la paix et la tranquillité. Sa mère et son père ne l'ont jamais laissé exprimer le moindre mouvement de colère. Il avait acquis la réputation d'être un «doux et bon garçon». Comme il fallait s'y attendre, il a choisi comme épouse une femme plutôt combative et dominatrice. Maintenant, son mariage ne tourne pas rond. Il accuse sa femme d'être une «sorcière enragée». De son côté, sa femme lui reproche d'être un «mou» et même un «lâche».

2) Isabelle, une jeune femme célibataire de trente ans, a finalement trouvé un groupe religieux accueillant où ses aspirations spirituelles sont comblées. Elle a mis toute sa confiance dans le gourou qui démontre d'évidents talents charismatiques pour prêcher et propose à ses adeptes des exercices spirituels épanouissants.

3) Gérard s'est bâti une réputation de travailleur acharné. Il s'est associé avec une vieille connaissance pour fonder une nouvelle compagnie. Or, plus il travaille dur pour faire progresser l'entreprise, plus il a l'impression que son associé ne fait rien. Ce dernier prend de nombreux congés pour satisfaire sa passion du

golf. Quand il se montre au bureau, c'est trop souvent pour bavarder avec les employés et leur faire perdre du temps. Gérard est excédé. Il ne peut plus supporter son «fainéant» d'associé.

4) Gertrude, une très jolie femme d'apparence fragile, a épousé l'homme qui pouvait lui assurer une confortable sécurité financière et lui prodiguer des conseils paternels. Après quelques années de mariage, elle a cessé de voir dans son conjoint le père protecteur du début. Maintenant, elle ne voit en lui qu'un être pesant qui lui rappelle la domination de son propre père.

Ces quatre cas présentent des personnes devenues elles-mêmes victimes de la projection de leur ombre. Le premier a abandonné à sa femme tout ce qui pouvait lui rester de combativité; dans le second cas, Isabelle a vu dans son gourou la pleine réalisation spirituelle d'elle-même; le troisième, Gérard, a laissé à son associé le soin de satisfaire son besoin de se reposer; et, enfin, Gertrude a renoncé à son autonomie financière et psychologique pour la projeter sur son mari.

Ces personnes vivent une situation difficile et éprouvante. Elles se sentent à la merci d'un autre qui, semble-t-il, les empêche de vivre. Comment pourront-elles récupérer les richesses que recèle leur ombre? La solution est-elle dans la séparation et la fuite? L'expérience a prouvé que, même si ces personnes divorçaient ou se séparaient, elles retrouveraient sur leur chemin d'autres conjoints semblables au premier.

Deuxième étape:
réajuster le masque fabriqué par la projection

Projeter son ombre sur quelqu'un équivaut à lui mettre un masque sur le visage, puis à réagir en conséquence. Le personnage ainsi créé fascine ou repousse, selon le cas. Le masque que l'on croyait bien ajusté à la personnalité de l'autre ne l'est pas toujours et menace de tomber. Le préjugé favorable ou défavorable dont on avait affublé l'autre au départ ne correspond pas toujours aux comportements réels de la personne porteuse de la projection.

Ainsi Christian constate, chez sa femme, des élans occasionnels de tendresse et d'amabilité, ce qui vient brouiller l'image qu'il s'était faite d'elle. Elle ne semble pas être toujours la «sorcière enragée» qu'il croyait percevoir en elle.

Isabelle, malgré sa totale dévotion à son gourou, s'étonne d'apprendre qu'il a régulièrement des relations sexuelles avec ses plus belles disciples. De plus, elle comprend mal qu'un homme jouissant d'une telle réputation de sainteté accepte en cadeau des voitures dispendieuses dont il ne se sert pas.

Gérard est tout surpris de voir parfois son associé paresseux s'intéresser aux affaires de la compagnie et abattre à l'occasion une bonne somme de travail.

Gertrude s'étonne que son mari ne soit pas toujours le tyran qu'elle croyait, car il se montre quelquefois plutôt doux et conciliant.

Le «projecteur» commence alors à douter du bien-fondé de ses préjugés. Ces moments de doute seraient pour lui l'occasion de reconnaître sa projection et de corriger sa fausse perception de l'autre. Hélas, ces phénomènes ont en général la vie dure.

Troisième étape:
justifier un jugement excessif sur l'autre
afin de maintenir sa projection

Il n'est pas facile de se défaire de ses projections. Même dans les moments de doute, on essaie de se convaincre, contre toute évidence, que l'autre est bien comme on l'avait «jugé» en premier lieu.

Christian, le mari «bon garçon», vérifie la résistance de sa femme en multipliant, sans l'avertir, ses retards après le travail. D'autres fois, il oublie (volontairement?) de marquer l'un ou l'autre anniversaire important. Alors son épouse se met en colère pour ses négligences ou ses oublis. Ces crises d'agressivité viennent le confirmer dans l'idée qu'il se faisait d'elle, une «sorcière» toujours courroucée.

Désirant faire la vérité sur les «originalités» du gourou, Isabelle confronte ses prêches avec ses écarts sexuels et son luxe extravagant. Lui, gardant tout son calme, explique à Isabelle qu'une fois parvenu à un certain degré de renoncement, on jouit de toute la liberté d'«aimer» tout le monde et de profiter des richesses de la création. Isabelle, quelque peu satisfaite de l'explication, s'évertue à continuer de croire à la sainteté de son gourou.

Pour vérifier si son associé est vraiment paresseux, Gérard redouble d'efforts à le surveiller, avec le secret désir de le surprendre en train de perdre son temps. Et, de fait, il réussit parfois à le prendre en défaut. Il ne lui en faut pas plus pour se convaincre que son associé est un vrai paresseux.

Gertrude, bouleversée par les attitudes de bonté de son mari, va écouter un discours féministe démontrant que, du plus lointain des âges, tous les hommes sont de parfaits patriarches dominateurs et phallocrates. Elle revient de la conférence convaincue que même les gentillesses des hommes ne sont en vérité que des manœuvres dissimulées pour mieux établir leur domination sur la gent féminine.

Pour ne pas lâcher prise sur sa projection et pour éviter d'avoir tout à coup à se mesurer à la réalité de son ombre, le «projecteur» est prêt à recourir à de faux arguments pour justifier ses jugements qui condamnent.

Quatrième étape:
se sentir démuni et diminué par la situation
créée par la projection

Si le «projecteur» s'acharne à maintenir coûte que coûte les projections de son ombre sur l'autre, il ne tardera pas, après un certain temps, à se sentir tout à coup démuni, diminué et amoindri dans son être. Il est facile d'imaginer l'énorme somme d'énergie psychique qu'a dû entraîner le fait de se laisser ballotter par un objet qui se fait en alternance attirant et repoussant.

Le «projecteur» se sentira amoindri pour deux raisons. D'abord, il aura l'impression d'être privé des qualités qu'il a projetées sur autrui, ce qui n'ira pas sans lui causer un stress chronique. Ensuite, il se sentira tourmenté par ses projections, comme si sa propre énergie psychique se retournait contre lui. En d'autres termes, il finira par se faire peur à lui-même.

Revoyons les quatre cas de projection décrits plus haut. Examinons les effets désastreux qu'auront sur chacun ses propres projections.

Christian, le bon garçon qui a remis toute sa combativité à son épouse, se défend mal contre elle ou contre toute autre personne avec laquelle il entre en conflit. Il a le sentiment d'être maltraité.

Gérard, qui projette sur son associé sa capacité de se reposer et de prendre des loisirs, frôle souvent l'épuisement professionnel.

Malgré les explications de son gourou, Isabelle continue de se sentir angoissée devant les agissements de celui-ci. Elle devient de plus en plus confuse et tombe dans la sécheresse spirituelle.

Gertrude continue de se croire victime de son mari. Elle perd davantage confiance en elle et se sent encore plus dépendante de son mari au moment où elle le hait de plus en plus.

Celui qui essayera de maintenir la projection de son ombre sur autrui glissera peu à peu dans l'épuisement physique et la dépression psychologique. Il se sentira démuni, diminué et appauvri sur tous les plans. Il vivra donc sur la défensive, il aura peur de prendre des risques et sera porté à se comparer désavantageusement aux autres. Enfin, il aura tendance à se blâmer de ne rien faire et, surtout, de n'être bon à rien.

Cinquième étape:
assumer la responsabilité de son ombre

La dépression conduit souvent le «projecteur» à prendre conscience de la situation pathologique dans laquelle il se trouve et à demander de l'aide afin d'en sortir. En ce sens, elle offre l'occasion de se réapproprier ses projections et de consctruire ainsi une réelle estime de soi qui permet enfin à la personne de s'affirmer sainement.

Comment terminer en beauté l'histoire des quatre personnages dont nous avons suivi l'évolution jusqu'ici?

D'abord, il faudrait que Christian cesse d'avoir peur de sa combativité et qu'il prenne conscience de son pouvoir d'affirmation. Il apprendrait à concilier douceur et agressivité. Ainsi se départirait-il de sa lourde réputation de «bon gars» et se révélerait être un partenaire plus intéressant pour son épouse.

Isabelle, fatiguée des extravagances de son gourou, quitterait la secte et accepterait de se faire aider par un spécialiste. Après quoi elle chercherait à redécouvrir ce qui avait nourri sa vie spirituelle dans le passé.

Gérard, de son côté, devra apprendre de son associé à arrêter de prendre l'existence trop au sérieux et à se reposer. Sa qualité de vie et celle de son travail s'en trouveront beaucoup améliorées.

Gertrude, enfin, au lieu de s'épuiser en récriminations contre son mari, reconnaîtrait en elle-même la présence de ses qualités masculines de courage, d'initiative et de force. Elle apprivoiserait ainsi tout le potentiel de son côté masculin et cesserait de rivaliser avec son mari, s'en sentant désormais l'égale.

Un proverbe allemand affirme qu'«on ne peut pas sauter par-dessus son ombre», c'est-à-dire s'en défaire. Lorsqu'on tente de l'éliminer de sa vie, elle revient imposer sa présence avec force et esprit de vengeance, et cela de diverses manières: anxiété, sentiment de culpabilité, peur et dépression. Bref, rappelons-nous l'adage évangélique qui trouve ici toute son application: «Tout royaume divisé contre lui-même est voué à sa perte!»

Conclusion:
Jésus Christ dénonce les projections malsaines

Jésus Christ lui-même a dénoncé ce que nous pouvons comprendre aujourd'hui comme étant le caractère nocif des projections de l'ombre. Il abhorrait les préjugés malveillants contre le prochain. À ce sujet, il a tenu des propos qui gardent toujours leur actualité: «Qu'as-tu à regarder la paille qui est dans l'œil de ton frère? Et la poutre qui est dans ton œil à toi, tu ne la remarques pas? Comment peux-tu dire à ton frère: "Mon frère, attends. Que j'ôte la paille qui est dans ton œil", toi qui ne vois pas la poutre qui est dans le tien? Homme au jugement perverti, ôte d'abord la poutre de ton œil! et alors tu verras clair pour ôter la paille qui est dans l'œil de ton frère[28].» Jésus exprime ainsi à sa manière ce que

---

28   *Luc* 6, 41-43.

nous cherchions à démontrer dans ce chapitre: avant de juger les autres en croyant ainsi les aider, il faudrait songer à travailler sur soi et apprendre à récupérer les projections de son ombre.

Jésus dénonce les projections méchantes, car il en connaît les effets sur celui qui en est l'objet. Il le fait notamment lors de l'épisode de la femme adultère pourchassée par un groupe d'hommes. Elle venait d'être prise en flagrant délit d'adultère. Les hommes qui l'amenaient faisaient d'elle un bouc émissaire qu'ils chargeaient de leur propres fautes sexuelles. D'une phrase lapidaire, Jésus renverse la situation; il les interpelle, leur fait prendre conscience de leur projection et les invite à assumer la responsabilité de leurs propres fautes: «Que celui d'entre vous qui n'a jamais péché lui jette la première pierre[29].»

La dénonciation des projections malveillantes sur les autres n'est pas sans danger, car elle peut attirer sur le dénonciateur les foudres des personnes ainsi mises en cause. Le sort que Jésus devait subir l'illustre bien.

---

29   *Jean* 8, 7.

Septième chapitre

Stratégies pour apprivoiser son ombre

———————

Il vaut mieux être complet que parfait.

C. G. Jung

Le chargement de mon bateau neuf

J'avais peur d'endommager mon bateau tout neuf. Je ne mettais dans ses cales qu'une très petite charge. Nerveux, il se dandinait tellement hors de l'eau qu'il laissait voir sa quille. Il se couchait sous la poussée des vents impétueux, léger comme une boule de ouate. Je ne parvenais plus à le conduire. Par surcroît, chaque voyage me rapportait très peu.

J'ai donc décidé de le charger davantage. Mon bateau s'enfonçait alors dans la mer jusqu'à sa ligne de flottaison. Il obéissait avec lourdeur à mes commandes. Par ailleurs, je savais que chacune de mes courses en mer me rapporterait beaucoup plus. Or, un jour de mer agitée, mon bateau se mit à couler. Pendant un moment, j'ai cru le perdre. Grâce au secours d'un autre bateau, je pus revenir à bon port, sain et sauf.

J'ai finalement appris à charger mon bateau de telle façon qu'il soit à la fois manœuvrable et rentable, tout en évitant de prendre des risques.

Introduction

Dans les deux chapitres précédents, les diverses facettes de l'ombre ont été décrites, ainsi que des moyens pour en reconnaître les manifestations. Ce savoir constitue déjà un réel progrès dans la connaissance profonde de son être. Pourtant, toutes précieuses qu'elles soient, ces informations ne suffisent pas pour réaliser la réintégration de son ombre. Il faut recourir à des stratégies permettant de concilier les qualités et les traits de sa *persona* avec ceux de son ombre.

Toutes les stratégies conçues pour réaliser cette conciliation comportent chacune deux étapes: présenter le matériau psychique au Soi, puis laisser celui-ci l'organiser. Dans la première étape, le moi conscient se charge d'étaler devant le Soi les éléments opposés de sa personnalité, c'est-à-dire une facette de l'ombre couplée avec une facette de l'ego-idéal *(persona)*. Par exemple, si quelqu'un découvre de l'agressivité refoulée dans son ombre, il s'efforcera d'en repérer la contrepartie consciente, à savoir la douceur excessive de sa *persona*. Dans la seconde, il présentera au Soi, de la façon la plus précise possible, les opposés, à savoir l'agressivité refoulée et la douceur consciente, et lui demandera d'exercer sa force d'intégration. Le travail conscient volontaire se limite donc à la première étape.

En d'autres termes, le moi conscient fait confiance au pouvoir d'intégration du Soi et le charge de réaliser la «complexification» ou l'harmonisation des qualités ou traits opposés de la personne par la médiation d'un symbole unificateur. S'il s'agit comme dans l'exemple précédent de concilier l'agressivité de l'ombre et la douceur de la *persona*, il se peut que l'agressivité prenne la figure d'un serpent et la douceur, celle d'un oiseau. Le Soi réalisera alors leur intégration à l'aide d'une image archétypale, celle, par exemple, d'un serpent ailé ou d'un dragon volant. La création de symboles unifiants qui guérissent est une expérience fréquente chez les participants de mes ateliers sur l'ombre.

A. Conditions pour accomplir le travail de réintégration de son ombre et de son moi conscient

Le travail de réintégration de l'ombre dans sa partie consciente est une tâche psychospirituelle délicate. Son succès dépend d'un certain nombre de conditions qu'il importe de définir avant de parler de stratégie d'intégration.

Une première condition consiste à *se garder de toute précipitation*, car mettre au jour d'emblée trop de matériau inconscient risque d'entraîner des états dépressifs. Pour illustrer ce danger, Jung utilise la métaphore du pêcheur qui charge mal sa barque. S'il la surcharge, il court le risque de couler. Si, au contraire, il ne la charge pas assez, il perd du temps et de l'argent.

On conseille donc à celui qui veut «manger son ombre», c'est-à-dire la réintégrer, de se munir de patience. Il doit respecter le temps d'incubation nécessaire à la réappropriation. Un de mes clients s'impatientait de sa lenteur à se défaire des pulsions de son ombre. Je lui ai alors demandé comment il s'y prendrait pour manger une baleine. D'abord décontenancé par ma question, il a vite compris qu'il devait la «manger» une bouchée à la fois.

Une deuxième condition de succès, conséquence de la première, est *d'essayer plusieurs fois d'explorer et de réintégrer un trait de son ombre et non de chercher à le réintégrer d'un seul coup.* Marie-Louise von Franz affirme que les complexes de l'ombre mettent du temps à se dissoudre et à se recomposer avec les éléments conscients. Son expérience de psychothérapeute jungienne lui a appris que certains complexes de l'ombre résistent à toute assimilation consciente.

Ma pratique professionnelle m'a permis d'observer de grandes disparités quant à la vitesse de réintégration de l'ombre. Certains ont besoin de l'accumulation de petites victoires pour réussir à obtenir une réintégration satisfaisante de l'ombre.

Une troisième condition est *l'importance d'en appeler à la participation du Soi pour réussir la réintégration.* Voici comment le faire. Avant chaque exercice d'intégration, j'invite les participants à s'y préparer, c'est-à-dire à se concentrer sur leur Soi et à invoquer sa puissance d'intégration. Selon son allégeance spirituelle, chaque participant fait une prière de son choix. Des chrétiens demanderont l'aide de l'Esprit Saint. D'autres feront peut-être appel à leur Guide intérieur, à leur divin Guérisseur, à l'Amour, à la Personne sage en eux, etc.

Enfin, la quatrième condition de réussite est d'utiliser les diverses stratégies proposées ci-après *en présence d'un témoin-ami qui, à cette occasion, servira de guide.* Il encouragera et soutiendra la personne au cours des passages difficiles de l'exercice. Cela se révélera nécessaire quand la personne sera gagnée par l'hésitation ou tentée de mettre fin à l'expérience.

B. Stratégies pour apprivoiser son ombre

Première stratégie:
dialoguer avec son ombre

Une première stratégie consiste à monter une scène au cours de laquelle on entre en dialogue avec son ombre. Au tout début, il s'agit de bien identifier la personne qui est l'objet de la projection de son ombre; ensuite, on l'imagine assise sur une chaise en face de soi afin d'établir un dialogue spontané avec elle. Certains préfèrent écrire l'échange de points de vues dans un journal. On est successsivement soi-même et l'interlocuteur imaginé. L'important est de maintenir le contact avec lui pour s'apprivoiser mutuellement au cours de ce dialogue improvisé. On apprend petit à petit à se comprendre l'un l'autre jusqu'à ce qu'on parvienne à une entente. L'aspect menaçant de la personne antipathique se transforme en quelque chose de constructif pour soi-même.

On termine l'exercice en adoptant la position d'un arbitre qui vient apprécier le travail de réconciliation qui s'est accompli entre sa *persona* et son ombre. À la fin, on remercie le Soi d'avoir favorisé la réconciliation des parties en cause.

J'ai eu l'occasion de constater les résultats très positifs d'un tel exercice chez Chantal, une de mes étudiantes. Elle appréhendait beaucoup sa prochaine année académique, car elle craignait d'avoir à affronter un certain professeur. Avant même de le connaître, redoutant «son air arrogant», elle s'était mise à le détester. Pour sortir de l'impasse, elle se prêta à l'exercice décrit plus haut. Pendant plus de deux heures, elle s'entretint avec ce professeur en jouant alternativement son rôle d'étudiante et celui du professeur. Elle s'aperçut jusqu'à quel point elle avait projeté sur lui un pouvoir d'affirmation de soi qu'elle-même avait refoulé depuis son enfance. À la fin de l'exercice, elle parvint à intégrer le trait de caractère qu'elle prêtait à son futur professeur et envers lequel elle se sentait dorénavant mieux disposée. Elle fut à la fois étonnée et ravie du résultat obtenu.

Après avoir assisté à plusieurs cours du professeur présumé arrogant, Chantal, loin de se sentir écrasée par sa personnalité, avait réussi au contraire à créer avec lui une belle complicité.

Deuxième stratégie: personnaliser son ombre et s'en faire une amie

Personnaliser son ombre, voilà bien une autre façon de la réintégrer. Pour l'illustrer, j'aimerais vous raconter une anecdote personnelle au terme de laquelle je suis parvenu à accepter «l'ignorant-en-moi» et à le laisser s'exprimer.

Au début d'une année académique, j'ai rencontré Agnès, une jolie étudiante qui me disait sa hâte et sa joie de pouvoir assister à mes cours. Elle ajouta qu'elle me considérait comme un grand penseur pour avoir lu mes livres et avoir suivi mes conférences.

En classe, elle se montrait très attentive et me posait de multiples questions. Elle me fournissait ainsi l'occasion de faire preuve de ma science. Mais avec le temps, je devenais de plus en plus agacé par ses nombreuses interventions souvent inopportunes. Un jour, je me suis même permis de ridiculiser une de ses questions, ce qu'elle n'a pas beaucoup apprécié.

Dès lors, l'attitude d'Agnès changea du tout au tout. Elle se mit à me poser des questions d'autant plus irritantes qu'elles n'avaient aucun rapport avec la matière enseignée. Dès qu'elle commençait à bouger, avant même qu'elle pose sa question, j'étais sur mes gardes et je me sentais combatif. Je lui faisais alors des commentaires désobligeants sur ses questions. Bref, nous étions engagés dans de fréquentes altercations tout à fait inutiles qui nuisaient à notre équilibre comme à la bonne marche du cours.

De plus en plus embarrassé par cette situation qui entretenait un climat malsain dans la classe, j'allai me confier à un collègue psychologue. Il me posa alors une question qui me hérissa. «Cette étudiante semble te menacer, me dit-il. Quel point sensible touche-t-elle en toi pour te bouleverser et te rendre si agressif?» Je lui répondis spontanément: «Mais elle ne m'atteint d'aucune façon; c'est tout simplement une ignorante!» En réfléchissant à la question et à la vivacité de ma réaction, je pris conscience qu'Agnès menaçait «l'omniscient-en-moi» qui prétendait tout savoir dans son domaine et avoir réponse à tout.

Pendant plus d'une semaine, j'ai donc médité sur «l'ignorant-en-moi»; je lui ai parlé; je lui ai demandé comment lui faire plus de place dans ma vie.

Ce jour-là, j'entrai dans ma classe vivement conscient de «l'ignorant-en-moi». Ainsi, quand Agnès me posa à nouveau une question piège, je fis appel à cette part refoulée de ma personnalité. Je ne répondis pas à la question mais demandai plutôt si quelqu'un dans la classe pouvait y répondre. Lors d'une seconde intervention d'Agnès, «l'ignorant-en-moi» me fit dire: «Agnès, quand on pose une question, il arrive souvent qu'on y ait pensé et qu'on ait déjà un début de réponse. Aurais-tu un élément de réponse à ta question?» Elle n'hésita pas à donner sa réponse et je l'en félicitai.

À la suite de ces deux interventions de cet aspect de mon ombre, cette étudiante ne me posa jamais plus d'autres questions pièges. Le climat d'animosité entre nous avait disparu.

L'élément déterminant de la solution avait été de briser ma résistance à reconnaître «l'ignorant-en-moi», à l'identifier, et enfin à le laisser prendre l'initiative dans mes rapports avec Agnès. Nous sommes tous deux sortis enrichis de cette expérience. J'ai récupéré «l'ignorant-en-moi» que j'avais projeté sur elle; et de son côté, elle a reconnu «l'intelligente-en-elle» qu'elle avait projetée sur moi au tout début des cours.

Troisième stratégie:
retrouver en soi l'enfant blessé

John Bradshaw, dans son ouvrage *Retrouver l'enfant en soi*[30], traite, sans la nommer, de l'ombre qui se forme durant l'enfance ou l'adolescence. À la suite d'une blessure reçue alors, on a relégué aux oubliettes de son inconscient toute une partie de soi-même. L'auteur explique que toute blessure psychologique mal

---

30   J. Bradshaw, *Retrouver l'enfant en soi. Partez à la découverte de votre enfant intérieur*, Montréal, Éditions du Jour, 1992.
      John Bradshaw est un auteur et thérapeute familial américain.

soignée, surtout si elle a été subie dans sa jeunesse, est sujette à nourrir le côté ombre de sa personne. Dès que, par peur de la réaction négative d'un éducateur, on refoule une émotion, un trait de caractère, un talent ou une manière de penser, on a tendance à paralyser du même coup son potentiel psychique et on se retrouve handicapé pour le reste de sa vie.

D'emblée, il est nécessaire d'identifier en soi la partie blessée de son enfant intérieur qu'on a essayé de cacher et d'oublier pour toujours. Une fois qu'on aura découvert en soi l'enfant resté blessé, c'est avec beaucoup de compassion qu'on choisira de l'«adopter» et d'en prendre soin, comme s'il s'agissait d'un orphelin. L'essentiel de presque toutes les formes de thérapies ne consiste-t-il pas à devenir un parent nourricier pour soi-même?

L'histoire suivante rapporte le drame d'une mère qui ne pouvait plus tolérer les comportements et les attitudes de sa fille. Dans une lettre, elle me suppliait de lui donner un «truc» quelconque pour l'aider à corriger cette adolescente. Elle la trouvait vaniteuse, égocentrique et suffisante. Puis elle me confiait: «Je ressens une telle aversion envers elle que j'ai peine à me raisonner et à me dominer en sa présence. Ma fille fait tout pour attirer l'attention à temps et à contretemps.»

Plus loin, cette maman me faisait une confidence très révélatrice: «Le comportement de ma fille me renvoie à moi-même et il semble me dire: "Tu étais comme elle à son âge; tu cherchais à être le centre de l'attention; tes manigances, loin de te réussir, t'ont apporté beaucoup de déboires." Je me revois tellement en elle que j'ai tendance à l'éviter. Bref, j'ai l'impression de me rejeter en la rejetant.» Elle poursuivait sa lettre en me disant son désespoir de ne pas pouvoir aimer sa fille. Enfin, elle avouait se sentir coupable d'être «une aussi mauvaise mère», incapable de lui pardonner ses extravagances.

Cette lettre m'a beaucoup touché, car elle exprimait l'angoisse de milliers de parents aux prises avec un aspect de leur ombre projeté sur un de leurs enfants. Malgré sa générosité, cette femme devait faire la paix avec elle-même pour devenir une «bonne mère». Il lui fallait alors se réconcilier avec l'adolescente en quête d'admiration et d'amour qu'elle avait été et que l'on avait rabrouée.

Notons en passant qu'il est pratiquement impossible de pardonner à quelqu'un qui reflète les aspects négatifs de son être. Il faut au préalable faire la paix avec les parties mal aimées de soi qu'on a tendance à projeter sur son offenseur. Cela explique que beaucoup de mes lecteurs m'écrivent que, même après avoir lu mon ouvrage *Comment pardonner?*[31], ils ont de la difficulté à accorder le pardon. Je leur réponds que le préalable à cette démarche consiste à se réconcilier avec l'«ennemi intérieur» qu'ils ont projeté sur l'autre.

Quatrième stratégie: s'identifier à ses projections

Dans *Meeting the Shadow*[32], un article de Ken Gilbert propose une stratégie à la fois radicale et paradoxale pour intégrer

---

31   J. Monbourquette, *Comment pardonner? Pardonner pour guérir, guérir pour pardonner*, Ottawa/Paris, Novalis/Centurion, 1992; Ottawa/Paris, Novalis/Bayard, 2001.

32   Zweig, *op. cit.*, p. 275-276.

notre ombre. Si, par exemple, nous croyons, sans raison objective, être la cible d'attaques extérieures, nous n'avons qu'à inverser la direction de notre projection. Cela nous permetttra de réaliser que les émotions ou attitudes hostiles viennent de nous, et non des autres. En d'autres termes, dans nos projections, nous avons à prendre conscience que nous ne sommes pas l'objet d'attaques ou d'humiliations venant du dehors, mais que c'est bien nous qui cherchons inconsciemment à attaquer et à humilier autrui. Les cas suivants de projection peuvent nous aider à exécuter ce genre de pirouette mentale.

Le conjoint trop indolent porté à blâmer son épouse et à se dire: «Ma femme se montre hostile à mon égard», se dirait plutôt: «Je ressens de l'hostilité latente envers ma femme et je fais tout pour la mettre en colère.»

La femme de type virago, au lieu de se plaindre des «femmelettes» de son entourage, avouerait: «J'ai peur de laisser voir ma propre féminité que j'ai toujours réprimée.»

Le prêtre célibataire, au lieu de se croire victime de la séduction des femmes de son entourage, devrait plutôt confesser: «Je voudrais bien pouvoir séduire ces femmes, mais mon statut officiellement reconnu de célibataire me l'interdit.»

Le professeur trop poli, au lieu de se sentir agacé par la vulgarité d'un collègue, pourrait fort bien reconnaître sa propre peur et se dire: «J'ai peur de mon propre penchant à la vulgarité, car, si j'y obéissais, je risquerais de scandaliser mon milieu et d'en être rejeté.»

Le travailleur acharné, au lieu de critiquer ceux qui, à ses yeux, ne sont pas assez ardents à la tâche, devrait se dire: «Au fond, je voudrais aussi être capable de prendre des loisirs, mais je crains tellement de passer pour un paresseux!»

J'ai connu une religieuse qui accusait ses consœurs de chercher à l'écraser. Or, au cours des séances de thérapie, elle prit conscience de sa tendance inavouée à la compétition, ainsi que de son désir de dominer.

Pour Ken Gilbert, le fait de se reconnaître responsable des pulsions de son ombre permet d'en prendre possession au lieu de se laisser posséder par elles. Mais pour réussir cette «rééquilibration» psychique, il recommande deux règles. La première consiste à «jouer» son ombre, c'est-à-dire à s'identifier le plus complètement possible à elle. Par exemple, si je me fais la réflexion suivante: «Tout le monde me déteste», je la transformerai en: «Je déteste tout le monde.»

Sa deuxième recommandation est de ne pas obéir à ses sentiments ou à ses paroles intérieures qui le poussent à commettre des actes malicieux. Ce serait le cas de celui qui, après s'être dit: «Je hais tout le monde», se mettrait à tenir des propos haineux ou à agir violemment.

Certains, en revanche, s'opposent à la pratique du renversement de ses projections. Ils craignent qu'en ressentant des émotions de l'ombre, certaines personnes s'y abandonnent et adoptent des comportements antisociaux ou destructeurs. À première vue, l'objection paraît sérieuse. Elle n'a cependant pas le poids qu'on lui prête au regard de l'importante distinction entre «sentir» et «consentir».

Cinquième stratégie:
aider la personne à prendre conscience de l'existence en elle des deux qualités opposées

Cette stratégie a été développée par Steve Gilligan[33]. Elle a pour objectif d'aider une personne à reconnaître et à accueillir chez elle deux qualités en apparence opposées mais en réalité complémentaires. L'exercice requiert la participation de trois personnes: le thérapeute «A», le thérapeute «B» et le patient.

Le thérapeute «A» invite le patient à se concentrer sur lui-même. Il lui pose ensuite la question suivante: «Qui es-tu?» Le patient répond en mentionnant une de ses qualités, par exemple: «Je suis une personne généreuse.» Alors le thérapeute «A», avec beaucoup d'empathie, lui redit ce qu'il vient d'entendre: «Je constate que tu es une personne généreuse»; il garde ensuite un moment de silence.

Le thérapeute «B» attire l'attention du patient sur le fait qu'il possède aussi la qualité opposée: «Je constate aussi que tu es une personne qui sais prendre soin de toi.» Il se tait un moment afin de permettre au patient d'intérioriser la qualité qu'il vient de lui suggérer.

---

33   Célèbre hypnothérapeute et auteur américain.

Après un moment de silence, les deux thérapeutes affirment en même temps et d'un ton ferme: «Comme c'est intéressant que tu puisses expérimenter en toi et en même temps l'existence de ces deux qualités!» Les deux thérapeutes gardent ensuite le silence et laissent au Soi du patient le temps d'intégrer leur dernier commentaire.

Sixième stratégie:
harmoniser les éléments d'allure contraire
de l'ego-idéal *(persona)* et de l'ombre

Le procédé qui consiste à diriger la projection en sens inverse, tel que le suggère Ken Gilbert, est une pratique courante chez plusieurs thérapeutes renommés[34]. Ces techniques donnent, à mon avis, d'excellents résultats dans le cas d'une attaque aiguë de l'ombre *(une ombrite)*. Elles se révèlent cependant moins efficaces pour une réintégration à long terme.

Aussi, pour «embrasser» son ombre, j'ai mis au point une stratégie dont je vais maintenant décrire les étapes.

a) Décrire une personne qui vous est antipathique. Bien décrire la qualité ou le trait négatif qui vous fait peur, vous énerve ou vous répugne.

---

[34] Les professionnels reconnaîtront cette stratégie chez les thérapeutes suivants: Fritz Perls et son «jeu de la polarité inverse sur la chaise vide», Milton Erickson et «l'utilisation de la résistance», Paul Watzlawick et «la prescription du symptôme», et Viktor Frankl et la «pratique de l'intention paradoxale».

b) Vous ingénier à découvrir ce que cette qualité ou ce trait négatif peut contenir de positif. Autrement dit, il s'agit de trouver «la perle cachée» dans les scories.

Voici quelques illustrations de cette démarche.

L'aspect positif qu'il serait possible de déceler dans une attitude jugée «hypocrite» pourrait être la discrétion ou la diplomatie.

À la réflexion, l'aspect dominateur d'une personne pourrait signifier un désir d'être responsable. Il s'agirait alors pour elle d'apprendre à se servir de cette qualité sans tomber dans l'excès.

Un autre moyen pour repérer l'aspect positif d'une qualité ou d'un trait négatif est de vous demander: «Que puis-je apprendre d'une telle personne?» Si, par exemple, vous la détestez pour sa paresse, vous pourriez apprendre d'elle à devenir vous-même plus «paresseux», c'est-à-dire à vous reposer, à vous détendre, à vous habituer à en faire moins, à prendre de petits congés, toutes choses qui vous aideront à mieux travailler.

c) Après avoir trouvé la qualité ou le trait positif, masqué toutefois par le comportement détestable de la personne antipathique, il conviendra de vous demander si vous n'auriez pas vous-même besoin de cette qualité ou de ce trait pour contrebalancer un côté excessif de votre tempérament. Par exemple: vous êtes reconnu pour votre très grande générosité. C'est pourquoi vous détestez Albert que vous jugez être égoïste. En cherchant à découvrir l'envers positif de l'égoïsme, vous découvrirez, par exemple, la nécessité de «penser davantage à vous-même». Ainsi, pour équilibrer votre trop grande générosité qui vous épuise au bout du compte, il conviendrait de penser davantage à vous-même et de savoir «dire non» à certaines demandes.

Voici maintenant d'autres exemples de qualités de la *persona* opposées aux qualités désirées, mais enfouies dans l'ombre.

La qualité ou le trait désirable se trouvant dans l'ombre	La qualité ou le trait de la *persona* correspondant
qui pense à soi	généreux
colère	douceur
introverti	extraverti
modeste	expressif
ouvert	discret
fier de montrer ses talents	ouvert à l'apprentissage
critique	encourageant
soumis	affirmatif
etc.	etc.

Il s'agit de s'assurer que les qualités ou les traits de l'ombre et de la *persona* sont vraiment opposés.

d) Une fois repérée la qualité ou le trait désirable blotti dans l'ombre (par exemple le besoin de se reposer) ainsi que la qualité ou le trait opposé appartenant à la *persona* (par exemple le travail forcené), recourir à un petit rituel: avec les deux mains, simuler la réunion des qualités ou traits opposés et, par la suite, leur réintégration.

Voici les étapes à suivre dans ce rituel:

1) Séparer les deux mains d'environ trente centimètres.

2) S'imaginer mettre dans la main dominante (la main droite si on est droitier, la gauche, si on est gaucher) une qualité ou un trait que la *persona* est consciente de posséder, puis, dans l'autre main, la qualité ou le trait désiré qui est enfoui dans l'ombre.

3) Dialoguer tour à tour avec chacune des mains. Reconnaître la qualité ou le trait, l'accepter et, au besoin, se réconcilier avec la qualité ou le trait, s'il est difficile d'en accepter l'existence.

4) Bien se concentrer et demander à son Soi «intégrateur» d'harmoniser ces deux qualités ou traits d'apparence contradictoire afin d'en faire apparaître la complémentarité.

5) Laisser les deux mains se rapprocher.

6) Rester attentif à la jonction des mains. Elle symbolise la réintégration qui est en train de se faire entre les qualités ou traits opposés. Veiller à ne pas forcer le déroulement du processus, ni chercher à l'expliquer; il doit se produire inconsciemment.

7) Demander au Soi de poursuivre et d'achever l'intégration des deux qualités ou traits dans les jours, les semaines et les mois à venir.

8) À la fin, quitter peu à peu son état de concentration et prendre conscience des sons, des couleurs et des odeurs du milieu ambiant.

Septième stratégie:
harmoniser la *persona* et l'ombre à partir
de la recherche des symboles trouvés
dans le test de Mario Berta

À partir du premier exercice du test de Mario Berta, intitulé *Prospective symbolique en psychothérapie*[35], j'ai conçu une stratégie de réintégration de la *persona* et de l'ombre.

Voici les directives pour la réalisation de la stratégie.

a) J'invite d'abord les participants à se concentrer et à le faire d'une manière détendue.

b) Ensuite, après leur avoir demandé de laisser la réponse à ma question émerger spontanément de leur imaginaire, je leur demande: si vous étiez dans un autre monde et qu'il vous était possible de choisir une autre identité, quel être aimeriez-vous devenir? Les participants ont le choix d'être une chose, une plante, un animal ou un personnage fictif quelconque (non une personne réelle).

c) Après quelques minutes de concentration, je demande à ceux qui ont trouvé le symbole exprimant leur nouvelle identité de lever la main. Si je constate que la plupart d'entre eux ne l'ont pas encore trouvé, je leur accorde plus de temps. Puis je les aide à sortir de leur concentration.

---

35   M. BERTA, *Prospective symbolique en psychothérapie. L'épreuve d'anticipation clinique et expérimentale*, Paris, Éditions ESF, 1983.

d) Ensuite, chacun se trouve un partenaire et lui décrit son symbole pendant quelques minutes. Celui qui écoute s'autorise à poser des questions d'ordre factuel sur le symbole de son partenaire: est-il grand? Est-il coloré? Bouge-t-il? Émet-il des sons? Se tient-il loin ou proche? Sur quel arrière-fond se détache-t-il? Dans quel contexte? Etc. Une fois la description terminée, l'autre participant fait en retour la description de son symbole.

e) À la fin de cet exercice, j'invite les participants à entrer de nouveau en eux-mêmes et à répondre à la question suivante: si vous étiez dans un autre monde et qu'il vous était possible de choisir une autre identité, qu'est-ce que vous détesteriez devenir? Quelle chose, plante, animal ou personnage fictif (mais non une personne réelle) ne voudriez-vous pas devenir, en raison de la répugnance qu'un tel être vous inspire?

f) Après avoir trouvé leur symbole négatif, les participants sortent de leur concentration et retournent avec leur partenaire pour lui décrire leur symbole négatif. Le partenaire le fait à son tour pendant cinq minutes.

g) Après ce temps d'échange, je demande à chaque participant de se placer dans un espace tranquille de la salle.

h) Je les invite alors à élever les mains à la hauteur de la poitrine et à les tenir séparées l'une de l'autre d'environ trente centimètres. Ils regardent d'abord leur main droite dans laquelle ils s'imaginent voir leur symbole positif pendant une minute ou deux, puis ils fixent leur main gauche dans laquelle ils s'imaginent voir leur symbole négatif.

i) Je les invite à demander la collaboration de leur Soi dans le processus d'intégration de ces deux symboles. Le mental et la raison doivent rester étrangers à ce travail.

j) Je leur donne alors la directive de laisser leurs mains s'approcher l'une de l'autre d'une façon spontanée et naturelle. Je les invite à se laisser surprendre par l'apparition d'un troisième symbole que le Soi aura formé à partir des deux autres.

Si certains sentent que leurs mains résistent à s'approcher l'une de l'autre, je leur suggère de découvrir entre leurs mains ce qui pourrait causer cette résistance et les invite à l'éliminer afin de poursuivre l'exercice.

k) Quand tout le monde a complété l'intégration du symbole positif et du symbole négatif, je leur recommande de partager leurs découvertes en groupe ou avec leur partenaire. Certains aiment faire un dessin de leur troisième symbole en rappel de l'intégration qui s'est opérée.

Dans ce genre d'ateliers, je suis toujours étonné de constater que le symbole-synthèse revêt souvent un caractère sacré.

À l'intention des conseillers et animateurs, je me permets de faire une mise en garde concernant les deux dernières stratégies. Si un participant ne réussit pas à faire cet exercice de réintégration, il convient de ne pas l'y forcer. L'inconscient peut n'être pas prêt à opérer un tel processus. Il se peut aussi que le symbole négatif soit trop puissant et, dès lors, paralysant. Dans ce dernier cas, il faudrait songer à réduire la force d'impact du symbole négatif. On peut le faire par exemple en modifiant ses proportions. Ainsi, une femme qui se sentait impuissante à intégrer son symbole négatif, un immense boa, fut invitée à réduire, en imagination, la grosseur du boa à une proportion acceptable. Grâce à ce stratagème, elle réussit à terminer l'exercice.

Huitième stratégie:
dessiner des mandalas

Le mandala est une figure symbolique composée d'un cercle et de son centre. On le retrouve partout dans l'univers, de la cellule en passant par les plantes jusqu'à la nébuleuse astrale. Autour du point-centre, s'ordonne un ensemble de formes représentant divers éléments. La figure du mandala exprime à la fois l'unité et la diversité (voir shéma, p. 81).

On a souvent comparé ce type de figure à un œil qui regarde à l'intérieur du psychisme. Il se retrouve dans différentes religions, en raison notamment de sa fonction unificatrice. Son centre polarise en effet des éléments épars et même opposés à l'intérieur de son cercle.

La complexité du psychisme s'y trouve adéquatement représentée: le centre, signifiant le Soi, polarise les diverses parties du psychisme. De même, la partie consciente, l'ego, et la partie inconsciente, l'ombre, se situent à l'intérieur de son périmètre.

Méditer sur des mandalas et les dessiner entraîne une organisation implicite des éléments disparates de son matériau psychique autour du Soi. C'est pourquoi ces pratiques contribuent à unifier la personne et à apaiser ainsi les tensions dues à la fragmentation de la personnalité. La personne tout entière sent alors qu'elle est en train de guérir et de retrouver son unité interne.

À ceux et celles qui souhaiteraient poursuivre cette démarche, je suggère le manuel *Mandalas of the World: A Meditating and Painting Guide*[36].

36   R. DAHLKE, *Mandalas of the World. A Meditating and Painting Guide.* New York, Sterling Publishing Co., 1992.

Huitième chapitre

Réintégration de l'ombre et développement spirituel

Il me faut m'accueillir
et m'aimer moi-même humblement,
mais tout entier, sans restriction,
ombres et lumières,
douceurs et colères,
rires et larmes,
humiliations et fiertés,
revendiquer tout mon passé,
mon passé inavoué, inavouable...

Jacques Leclercq

Histoire de la source d'eau vive

L'eau vive s'ennuyait d'être souterraine. Un jour, elle décida de jaillir en source limpide et généreuse. Les gens affluèrent alors de toutes parts pour boire une eau aussi vive, pure, désaltérante et salubre. Hélas! une compagnie avide de tirer profit d'une telle source acheta alors le terrain sur lequel elle jaillissait, y érigea des clôtures bien cadenassées et imposa de sévères contraintes à ceux et celles qui désiraient s'y abreuver. Peu à peu, seule une petite élite bien riche put aller se désaltérer à la source. Celle-ci, fâchée de toutes les restrictions, décida de jaillir à un autre endroit.

Or, la compagnie continua de vendre l'eau qui avait perdu sa vertu curative et vivifiante. Peu de gens toutefois s'en aperçurent. À l'exception de certains qui, insatisfaits de l'eau fade qu'on leur vendait, se mirent à chercher l'endroit où la source d'eau vive avait choisi de sourdre à nouveau. Par bonheur, ils trouvèrent l'endroit.

Mais de nouveau, on acheta le terrain d'où jaillissait la source; on y construisit des canaux; on imposa des règlements. Et la source décida de se faire souterraine et d'apparaître ailleurs.

Et vous, savez-vous où elle s'est déplacée?

A. Le traitement moral de l'ombre

L'ombre n'est pas synonyme de mal

L'ombre de la personnalité n'est pas à confondre avec le mal. Voici comment ils se distinguent l'un de l'autre. L'ombre s'est formée en refoulant un ensemble de sentiments, de qualités, de talents et d'attitudes qu'on croyait inacceptables par l'entourage. D'un autre côté, le mal se définit comme la privation d'un bien dû, *privatio boni debiti*. Le mal n'existe pas comme tel; en soi, il est du *non-être*. Ce qui existe, c'est une action ou un être déficients, c'est-à-dire auxquels il manque une perfection qu'ils devraient avoir. Le mal est nommé en fonction des réalités qu'il affecte. Il y aura autant de maux divers qu'il y aura de réalités affectées. Dans le domaine de l'esthétique, ce sera l'imperfection d'une œuvre d'art; dans le domaine de la santé, une maladie; sur le plan politique, un désordre social. Sur le plan moral, le mal désignera une action non conforme à sa fin naturelle, alors que sous l'angle théologique, le péché se définira comme une rupture de la relation d'amour d'une personne avec Dieu.

Il est regrettable que Jung et ses disciples aient conçu trop exclusivement l'ombre en termes de «mal» *(the evil part of Self)*. Ils tendent ainsi à la caractériser comme un mal substantiel, c'est-à-dire ayant une existence réelle. Certes, l'ombre, par son caractère caché, primitif et non éduqué, fait peur parce qu'elle menace les règles sociales et éthiques. Cela ne constitue cependant pas une raison pour l'assimiler à un mal substantiel. Si on devait la considérer comme un mal, elle serait tout au plus qualifiable de mal structurel ou organique.

Si l'ombre était un mal moral, on devrait la combattre au lieu de s'appliquer à la reconnaître et à la réintégrer. Or, on sait trop que celui qui s'avise de partir en guerre contre son ombre tombe inévitablement sous son emprise et commet ainsi les fautes morales qu'il voulait justement éviter.

William Carl Eichman, auteur et analyste jungien, en rappelant que l'ombre fait partie de la condition humaine, montre qu'il est nécessaire de la convertir et non de l'éliminer:

> L'ombre personnelle est un type de maladie ou de blessure causée par une programmation accidentelle et cruelle faite durant l'enfance et elle doit être traitée en conséquence. Chacun d'entre nous a un côté sombre; ça fait partie de notre condition dans ce monde, ce n'est pas un «péché» en soi. Le but du sujet humain doit être de se guérir de la maladie et de faire en sorte que la partie blessée retrouve son fonctionnement normal[37].

Une tendance ne peut être considérée comme une faute en soi. Les actions qui en découlent librement peuvent en revanche être qualifiées de «mauvaises». L'ombre ignorée et laissée à elle-même devient dangereuse, car sa condition d'isolement et de séparation du Soi pourra la pousser à agir de façon diabolique (*dia bolè* = séparation). Si elle est reconnue et intégrée, elle se prêtera au contraire à l'intégration opérée grâce aux symboles unificateurs (*sun bolè* = mettre ensemble) du Soi divin.

---

37   Zweig, *op. cit.*, p. 136.

Reconnaître les manifestations de son ombre ne signifie pas y obéir

Assimiler l'ombre à un mal moral est une erreur qui guette encore certains esprits avisés. Ainsi, après avoir écouté des cassettes de l'un de mes ateliers sur l'ombre, un professeur d'éthique m'accabla de reproches. Il m'accusa, entre autres, d'inciter les participants de l'atelier à suivre leurs penchants les plus bas. Il n'avait guère saisi la distinction, que j'avais d'ailleurs clairement établie, entre d'une part la reconnaissance de l'existence et l'acceptation des pulsions de son ombre et, d'autre part, le fait de consentir à «passer à l'acte». Son indignation se serait sans doute apaisée s'il s'était souvenu de la distinction classique des moralistes entre «sentir» et «consentir».

À celui qui entreprend de faire un travail sérieux sur son ombre, il importe de ne pas confondre la reconnaissance et l'acceptation d'une émotion ou d'une pulsion avec le fait de passer à l'acte sous sa poussée. En vérité, on n'est pas libre de ressentir ou de ne pas ressentir une émotion ou une pulsion, on se trouve simplement en présence d'une donnée à la fois physiologique et psychologique qui impose sa présence. Ne pas en reconnaître l'existence et ne pas en assumer la responsabilité serait nuire à sa santé mentale. Il est donc nécessaire, dans un premier temps, de les ressentir pour se les réapproprier et reconnaître que l'on en est l'auteur. On dira donc: «Cette émotion sexuelle ou ce mouvement de colère m'appartient.» Quiconque refusera ces prises de conscience aura tendance, dans un premier temps, à les refouler. Elles deviendront ensuite des obsessions que la personne finira par projeter sur d'autres. Les accompagnateurs spirituels avertis connaissent bien ce problème.

Le jugement proprement moral ne sera donc possible que lorsque le sujet aura pris conscience des émotions ou des pulsions de son ombre et qu'il les aura acceptées comme lui appartenant. Une fois ces conditions réalisées, il pourra décider librement. Dans le cas où il déciderait d'exprimer son senti, il lui faudra, au préalable, s'interroger sur la façon de le faire. Il se demandera par exemple comment manifester sa colère envers quelqu'un, tout en respectant des critères moraux. Il cherchera ainsi à faire passer son message en évitant de blesser son vis-à-vis ou de briser leur relation.

B. L'ombre et le spirituel

Depuis le début, il a souvent été question de spiritualité d'une façon implicite. Rappelons ici quelques aspects spirituels du travail sur l'ombre: le Soi est reconnu comme le centre spirituel de la personne; la connaissance et l'estime de soi sont des conditions essentielles au développement spirituel; la présence d'humilité est nécessaire pour la reconnaissance et l'acceptation de son ombre; le travail sur cette partie de l'être permet d'adopter une perspective holistique et non dualiste du réel; la réalisation progressive du Soi reconnu comme l'*imago Dei* en soi s'oppose aux visions et ambitions de son ego. Notons enfin que la théorie de l'ombre cadre bien avec les paroles et les gestes de Jésus Christ.

Dans ce dernier chapitre, nous aborderons, d'une façon plus explicite, l'importance du travail sur l'ombre dans une perspective spirituelle. Nous décrirons ensuite les moments de la vie spirituelle où ce travail se révèle nécessaire. Enfin, nous soulignerons la différence entre la recherche de la perfection et la sainteté.

Nécessité pour les maîtres spirituels et leurs disciples de travailler sur leur ombre

Plus d'un professionnel de la relation d'aide, tant en psychologie qu'en spiritualité, a manqué d'authenticité en n'étant pas attentif à l'existence de son ombre et à ses pulsions. Pour la même raison, certains ont été entraînés à commettre des fautes grossières d'ordre moral et professionnel envers leurs patients, adeptes ou disciples.

L'accompagnateur spirituel face à son ombre personnelle

Beaucoup de maîtres spirituels reconnaissent la présence et l'action constantes de l'ombre dans le développement spirituel, sans utiliser ce terme. Ainsi, un grand prédicateur jésuite n'a pas eu peur de parler de «l'impie-en-soi» qu'il fallait convertir. Un aumônier d'hôpital raconta que, depuis qu'il avait pris conscience de la présence du «païen-en-lui», il se sentait plus à l'aise avec ses malades non pratiquants ou athées.

Quiconque exerce un leadership spirituel se voit, un jour ou l'autre, forcé de tenir compte de son ombre et de composer avec elle s'il veut avancer ou faire avancer ceux qu'il conduit. De fait, personne ne chemine dans les voies spirituelles comme on le ferait sur des routes bien éclairées et balisées. Les maîtres spirituels ont dû se débattre avec leurs propres ténèbres. Pensons, par exemple, à Jésus au désert, ou encore à Bouddha, à Mahomet et à tous les grands saints en proie aux tentations. Elles prennent la figure de «démons», «du Mauvais», «de Satan», «du prince de ce monde», etc.

Le simple priant n'y échappe guère. Il a vite fait de rencontrer en lui-même des régions d'ombre qu'il appellera «ses distractions» et ses ruminations intérieures, ou encore «ses nuits spirituelles». Presque tous les mystiques affirment avoir expérimenté les bassesses et les tromperies de leur ombre noire: orgueil, esprit de puissance, jalousie, envie, besoin de vengeance, désir de possession, tentations sexuelles, etc. Même l'apôtre le plus zélé, s'il reste inconscient de son ombre, la projettera un jour ou l'autre sur ses ouailles, et son action apostolique s'en trouvera pervertie ou neutralisée.

Beaucoup de maîtres spirituels ou de gourous, pour avoir ignoré les agissements de leur ombre, ont fini par abuser les personnes qu'ils prétendaient au départ vouloir aider. Combien d'entre eux, sous prétexte d'entretenir une relation spirituelle, ont établi sur leurs «disciples», d'une façon plus ou moins consciente, une domination jalouse tout en les utilisant pour satisfaire des besoins d'ordre affectif et même sexuel?

Le danger est d'autant plus grand que beaucoup d'aspirants à la vie spirituelle sont si naïfs qu'ils renoncent à leur propre jugement en matière de spiritualité pour s'en remettre sans discernement à leur gourou, avec les conséquences néfastes que je viens de signaler. On peut évoquer à ce propos les différents scandales mettant en cause des religieux, des ministres de diverses confessions ou des fondateurs de sectes.

Katy Butler raconte dans un article[38] l'implantation de sectes bouddhistes en Californie. Elle y souligne les effets néfastes causés par certains gourous ignorants de leur ombre. Elle y décrit notamment la déchéance morale et spirituelle de grands spirituels bouddhistes immigrés aux États-Unis. En raison de leur auréole de sainteté, ils s'étaient crus à l'abri de toute déviation d'ordre moral et doctrinal. Mais en réalité, beaucoup d'entre eux ont succombé aux tentations du monde occidental et se sont servis de leur réputation pour légitimer leurs désirs: alcoolisme, inconduites sexuelles avec leurs adeptes, régime de vie extravagant, besoin maladif de domination, etc. Ils se sont détruits eux-mêmes tout en causant un tort immense à leurs disciples.

Les autres aidants

Les réflexions précédentes s'adressent aussi à tout autre aidant: psychologue, médecin, travailleur social, chef syndical, etc. Le travers qui les menace constamment, c'est de projeter sur leurs patients leurs propres déficiences psychologiques et spirituelles. La conséquence est facile à prévoir: ces aidants deviennent incapables de croire aux ressources psychologiques et spirituelles de leurs patients et de respecter leur cheminement. Ils seront enclins à les infantiliser, à exploiter leur dépendance, voire à les utiliser pour satisfaire besoins sexuels, désir de possession, ambition, etc.[39].

---

38 «Encountering the Shadow in Buddhist America», dans ZWEIG, *op. cit.*, p. 137-147.

39 Les lecteurs qui souhaiteraient prolonger leur réflexion à ce sujet liront avec profit *Power in the Helping Professions* (Dallas, Spring Publications, 1971), un ouvrage de Adolf GUGGENBÜHL-CRAIG, prêtre et psychanalyste jungien.

Accompagnement d'une personne vers la réintégration de son ombre

Tout formateur trouverait avantage à acquérir une bonne connaissance de l'ombre et de ses effets sur le développement de la vie spirituelle. D'abord, pareil savoir lui permettra de discerner les mouvements de l'Esprit et ceux de l'ombre. Il lui donnera également les moyens d'amener son disciple à réintégrer ses richesses inexploitées.

Le travail de la réintégration de son ombre est une partie essentielle de l'ascèse dans la vie spirituelle. Le mot «ascèse» tel qu'il est employé ici n'est pas synonyme d'inhibition. C'est d'ailleurs à tort qu'on utilise ce mot exclusivement dans le sens étriqué de pénitence ou de mortification. Son étymologie évoque un sens beaucoup plus large, à savoir celui d'«exercice», d'«entraînement» et de «pratique».

Ainsi entendue, l'ascèse consiste à réintégrer son ombre au lieu de la refouler. Il arrive trop souvent que des guides spirituels conseillent à leurs disciples de se défaire de certains travers, sans leur apprendre la façon saine et intelligente de le faire. Ces orientations à courte vue ne font qu'exacerber les obsessions et les compulsions et enferme les disciples dans un cercle infernal: faute-aveu-bonne résolution et, de nouveau, faute-aveu-bonne résolution... et cela, indéfiniment.

Il me vient à l'esprit les cas de deux personnes dont les compulsions déjouaient la compétence de leurs accompagnateurs spirituels. Le premier cas était un homme qui, malgré son apparente douceur, faisait subir à ses proches des scènes de colère incontrôlable. Pendant quinze ans, cet homme rencontra son guide spirituel presque tous les mois pour se faire aider à maîtriser ses rages subites. Celui-ci lui enjoignait de réprimer ces accès de colère, de se confesser et de prier pour sa guérison.

Le deuxième cas met en scène un prêtre de quarante-cinq ans incapable de maîtriser une forte tendance à l'éphébophilie (attraits sexuels pour les jeunes gens). Pour satisfaire sa passion, il se mettait dans des situations dangereuses pour sa santé physique et morale, ainsi que pour sa réputation. Lors de la première entrevue, il s'est dit désespéré de ne pouvoir jamais vaincre ce défaut. Aussi m'a-t-il supplié de l'aider pour ne plus commettre de pareils écarts de conduite. Je lui ai alors demandé combien de guides spirituels ou de confesseurs lui avaient défendu de continuer son dévergondage sexuel. Au moins dix d'entre eux l'avaient déjà fait. Je lui ai dit que je ne tenais pas à être le onzième. Cependant, s'il voulait bien regarder sa compulsion sexuelle, l'accueillir et chercher à la transformer, j'étais prêt à l'aider.

Il est un principe fondamental en psychothérapie qui vaut également pour tout accompagnement spirituel: on ne peut changer à l'intérieur de soi que ce que l'on a d'abord effectivement accepté. Ce principe s'applique évidemment pour l'acceptation et la réintégration de son ombre. Les deux hommes dont je viens de décrire la situation pénible n'ont commencé à progresser dans la maîtrise de leurs compulsions qu'au moment où ils se sont décidés à les regarder en face, à les accueillir et à les apprivoiser.

La rencontre de l'ombre à deux moments déterminants de la vie spirituelle

Comme nous l'avons vu brièvement au premier chapitre de ce livre, il existe deux périodes dans la vie spirituelle où il devient impérieux de porter une attention spéciale à la réintégration de son ombre: la jeunesse et le milieu de la vie. Ces deux périodes, qu'on peut appeler initiatiques, marquent le début de transitions majeures qui obligent à opérer des changements de personnalité et à nouer de nouveaux rapports sociaux. Les jeunes doivent quitter l'enfance et l'adolescence pour relever le défi et prendre leur place dans la société. Les gens au milieu de la vie sont amenés à dresser le bilan de leur existence, car ils en entrevoient déjà la fin. De telles mutations demandent à l'évidence l'exploitation de toutes leurs ressources personnelles, particulièrement de celles de l'ombre.

La vie spirituelle à ses débuts

Dans la vie spirituelle, le novice est sujet à expérimenter, tour à tour, des états d'exaltation et de découragement. Parfois, il se fait des illusions sur son degré de perfection, non sans se comparer à autrui avec orgueil, parfois avec mépris. D'autres fois, il se laisse aller au découragement et assiste à la résurgence de mauvaises habitudes qu'il croyait avoir maîtrisées.

C'est pourquoi il doit être initié le plus tôt possible au travail de réintégration de son ombre. À cette fin, son maître spirituel l'incitera à affronter ses «démons» intérieurs en lui faisant vivre une expérience de «désert», c'est-à-dire une vie de solitude et d'inactivité voulue. Ses «démons», qui sont-ils? Ce sont ses obsessions, ses antipathies, ses peurs et ses répugnances. Par cette ascèse, le novice apprendra à faire reposer sa vie spirituelle sur une base psychologique solide, à «digérer» les divers aspects de son ombre. Il évitera ainsi d'être trop souvent la proie d'illusions mystiques.

À notre époque, on déplore souvent l'absence de pratiques initiatiques pour les jeunes. Dans les civilisations dites primitives ou traditionnelles, le passage initiatique visait précisément à leur permettre de faire face à leurs peurs et de se détacher de leurs parents pour entrer dans le monde adulte. Or, l'objectif du travail sur l'ombre au début de la vie spirituelle n'est-il pas d'apprivoiser ses peurs?

On raconte qu'un aspirant à la vie monastique se réveilla, une nuit, paralysé de peur par l'isolement et l'obscurité de sa cellule. Il se leva tout tremblant, alluma avec peine une chandelle et alla cogner à la porte du prieur. Celui-ci le reçut avec bienveillance et l'écouta raconter ses frayeurs. Après avoir rassuré le jeune moine il lui offrit d'aller le reconduire à sa cellule et, d'un geste de la main, l'invita à marcher le premier dans le long corridor obscur. Mais, au moment où le jeune homme passa devant lui, le prieur, d'un souffle, éteignit sa chandelle.

La vie spirituelle au milieu de l'existence

Le milieu de la vie, parce qu'il est un autre tournant existentiel, nécessite une confrontation avec son ombre. C'est le moment de ce qu'on appelle, à juste titre, le «démon de midi». À cet âge, on s'est départi de sa naïveté et des illusions de sa jeunesse.

On a été confronté au problème du mal et la mort n'apparaît plus comme une réalité étrangère à sa propre existence. Des déceptions amoureuses et divers échecs nous ont appris à mieux nous connaître. On est en conséquence moins sûr de ses capacités. On est souvent porté à la déprime et même parfois tenté par le désespoir. Ses anciennes assurances et valeurs ayant été remises en question, on se révèle plus sensible et plus vulnérable à ses «démons intérieurs».

Beaucoup sont alors tentés de couper net avec leur vie antérieure: briser leur cercle d'amis, divorcer de leur partenaire, changer de travail et modifier leur style de vie. La tentation est forte d'imputer aux autres et aux circonstances la responsabilité de ses échecs pour camoufler son malaise intérieur. On est tenté de tout recommencer à zéro au lieu de faire face aux questions essentielles: «Qui suis-je?» et «Que vais-je faire du reste de ma vie?» Or, on ne peut répondre adéquatement à ces questions qu'en interrogeant son ombre.

Au milieu de la vie, la rencontre avec la partie de soi-même qui a été réprimée sous la pression de son milieu s'avère inévitable. Ainsi, l'homme qui aura jusque-là ignoré son côté féminin devra l'assumer, tandis que la femme qui aura occulté ses traits masculins devra se réconcilier avec eux.

Le cas suivant illustre bien la crise du milieu de la vie. Un prêtre dans la cinquantaine me confia que, auparavant si sûr de lui-même, il ne pouvait plus célébrer la messe en public. Dès qu'il se mettait à revêtir les habits sacerdotaux, il se sentait pris de panique; des sueurs froides lui coulaient sur le corps. La pensée d'avoir à pénétrer dans le chœur lui faisait craindre de s'évanouir.

Quelques fois, il avait même dû quitter l'autel pour se remettre d'un malaise passager.

Il était bouleversé par ce qui lui arrivait. Il s'était toujours efforcé de suivre une discipline de vie stricte, de montrer un sens aigu du devoir et de faire preuve d'une solide force de caractère. Or, il se sentait maintenant faible et déprimé. Impuissant devant ces maux qui l'affligeaient, il devait se résoudre à demander de l'aide. Il éprouvait un tel trouble qu'il songeait à remettre en question sa vocation. En fait, ce prêtre évitait de reconnaître les récriminations de son ombre qui le pressait d'accepter sa faiblesse, son émotivité et sa dépendance.

Je lui ai fait comprendre qu'en vérité, il célébrait la messe sans avoir les dispositions intérieures qu'exigeait ce rituel. Il réactualisait le mystère du Christ faible et vulnérable, mais en affichant l'assurance d'un «sergent-major» en fonction. En m'entendant, il se mit à pleurer à chaudes larmes tout en s'excusant de le faire. Il me raconta que, depuis quelques années, il ne pouvait supporter la vue de la croix sans éclater en sanglots; cette réaction spontanée le bouleversait. Je l'ai encouragé à être à l'écoute de ce côté de lui-même qui exprimait quelque chose de plus profond que sa volonté de se montrer imperturbable et invulnérable.

Au cours des séances de thérapie qui suivirent, le prêtre apprit peu à peu à reconnaître son côté sensible, faible, vulnérable et dépendant. Il réussit progressivement à accepter le côté féminin de sa personnalité et à prendre conscience de sa richesse. À son rythme, il s'est mis à apprivoiser cet autre lui-même dont il avait jusqu'alors nié l'existence. Un peu plus tard, il m'avoua avoir repris son ministère. Il disait désormais la messe en public sans défaillir, il dormait mieux et cela sans même prendre ses «antidé-presseurs». Sa vie sacerdotale prenait une nouvelle tournure. Il ne s'agissait plus pour lui de «fabriquer» sa sainteté d'une façon vo-lontariste, mais de s'abandonner au travail de la grâce. Il acceptait de se laisser toucher et conduire par l'amour de Dieu.

Le travail sur l'ombre et la sainteté

Perfection et perfectionnisme

Le travail sur son ombre s'oppose à la recherche de la per-fection morale si on entend par perfection morale la conformité scrupuleuse à des règles morales et aux exigences du milieu. Mais ce genre de perfection n'est que du *perfectionnisme*, c'est-à-dire une perfection tout extérieure qui ne tient pas compte des aspira-tions profondes de la personne.

On constate souvent que le perfectionniste se limite à des critères extérieurs qui se confondent avec les idéaux de sa *persona*. Il sera plus soucieux de paraître et d'être performant que de re-chercher son harmonie intérieure et sa croissance personnelle.

Il se sentira par conséquent souvent angoissé et humilié lors-qu'il ne parviendra pas à atteindre les standards d'apparence et d'efficacité qu'il s'est imposés. S'il lui arrive de commettre une faute ou d'éprouver un revers de fortune, le perfectionniste aura tendance à se mésestimer et à s'accuser sans répit. Bref, en tout et partout, il se fera violence. Il lui faudra alors se demander si cette violence envers lui-même l'aide vraiment à grandir.

L'exemple de Gandhi permet précisément de comprendre que ce type d'attitude entrave notre maturation. Eric Erickson, dans son ouvrage *La vérité de Gandhi*[40], déclarait son immense admiration pour l'attitude pacifique que le mahatma conservait dans les pires conditions d'adversité. Par son enseignement et son exemple, Gandhi a voulu briser le cercle infernal de la violence. Il recevait les coups de ses adversaires sans jamais chercher à se venger. Erickson s'expliquait mal en revanche que Gandhi, l'apôtre de la non-violence, se montrât si violent envers lui-même à la vue de ses faiblesses. Il s'en voulait terriblement de ne pas atteindre les standards de «sainteté» qu'il s'était fixés. Erickson a vu dans cette attitude l'origine des réactions d'intolérance qu'il manifestait envers ses proches.

Le perfectionniste qui part en guerre contre ses mauvais penchants, ses défauts, ses faiblesses et ses péchés se met dans l'impossibilité de progresser sur le plan moral et spirituel. Il nourrit son ombre qu'il projette éventuellement sur les autres. Il devient alors exécrable à leur égard. Son manque de compassion à son égard comme à l'égard d'autrui accentuera le sentiment de faillite morale et la mésestime de lui-même. Et le voilà enfermé dans un cercle vicieux des plus débilitants. À la recherche volontariste et éperdue d'une pseudo-perfection, ne devrait-on pas préférer l'authentique sainteté qui est grâce?

---

40 E. ERIKSON, *La vérité de Gandhi. Les origines de la non-violence*, Paris, Flammarion, 1974. Eric Erikson est psychologue, spécialiste du développement de la personne.

La sainteté et l'acceptation des parties mal aimées de soi

Jung considère l'acceptation intégrale de soi, à la fois de ses grandeurs et de ses petitesses, comme étant «l'essentiel de la question morale et le sommet de tout idéal de vie»[41]. Dans la même veine, il souligne que la pratique de la charité, enseignée par Jésus Christ, devrait d'abord s'exercer envers soi-même: «Si je donne à manger à ceux qui ont faim, si je pardonne une insulte, ou si j'aime mon ennemi au nom du Christ, cela constitue sans aucun doute de grandes vertus. Ce que je fais au plus petit de mes frères, c'est au Christ que je le fais. Mais que ferais-je si je découvrais que le plus petit de tous, le plus pauvre de tous les mendiants, le plus exécrable de tous ceux qui m'ont offensé se trouvent à l'intérieur de moi-même, que c'est moi qui ai besoin de l'aumône de mon amabilité, que c'est moi l'ennemi qui réclame mon amour?» L'ombre de chacun ne serait-elle pas justement «ce plus petit de ses frères» et «l'ennemi» intime à connaître, à recevoir et à aimer?

Les aspirations spirituelles, même dans les gestes déviants

Les parties de soi, aussi pauvres et aussi déviantes qu'elles soient, laisseront voir la présence d'une grande richesse, à condition qu'on apprenne à les accepter avec intelligence, amour et patience.

Cette affirmation a été confirmée grâce à la Programmation neurolinguistique[42]. Dans cette approche, la technique

---

41   Jung, *Psychology and Religion*, p. 241.

42   Nouvelle approche d'apprentissage fondée aux État-Unis par Richard Bendler et John Grinder, dans les années 1970.

«Transformation au cœur de soi»[43] donne des résultats étonnants, car elle permet de faire découvrir des aspirations spirituelles au cœur des plus basses compulsions. Voici en quoi elle consiste. Au début, il s'agit d'inviter le client à prendre conscience de la présence en lui d'une tendance «mauvaise», d'une obsession ou d'une habitude immorale, bref d'une entité caractéristique de son ombre noire. On lui demande ensuite de repérer l'intention positive qui, assez paradoxalement, anime telle ou telle compulsion ou habitude.

On donne le temps au client d'entrer en lui-même et d'interroger son ombre. On lui demande d'éviter de donner une réponse d'ordre intellectuel, mais d'attendre que la réponse vienne de son inconscient. Une fois la réponse trouvée, on l'intègre dans la première question que l'on réitère sous cette nouvelle forme pour inciter la personne à l'approfondir. On continue ce processus jusqu'à ce qu'elle parvienne à découvrir le but ultime poursuivi par son inconscient. La raison d'être d'un travers ou d'un défaut sérieux se révélera alors sous la forme d'une des cinq motivations suivantes: avoir un sentiment profond d'unité intérieure, être soi-même, trouver une paix inaltérable, se sentir acceptable et accepté, être aimé et aimer[44].

Voici un exemple qui illustre bien cette démarche. J'ai demandé à une personne alcoolique quelle intention positive elle poursuivait en consommant. Voici le dialogue qui s'ensuivit.

---

43 C. ANDREAS, *Core Transformation: Reaching the Wellspring Within*, Moab (Utah) Real People Press, 1994.

44 *Ibid.*, p. 19.

— Ça me détend.

— Et que recherches-tu dans cette détente?

— Me sentir bien et important.

— Qu'est-ce que ça t'apporte de te sentir bien et important?

— Un désir profond d'être enfin moi-même et d'être accepté comme tel par les autres.

Que peut-on conclure des résultats obtenus à l'aide de la technique de la *Transformation au cœur de soi-même*? Il est évident que, dans toute tendance dite «mauvaise» ou compulsive, se cache une aspiration spirituelle soit au bien, au beau, au vrai, à l'amour ou au divin en soi. L'application de cette technique permet au sujet de la découvrir et de la réorienter. À force de l'appliquer, j'ai découvert qu'au cœur de toutes les saletés et scories humaines se trouve toujours «une perle», un «trésor». Mêlé à l'ivraie, on trouve du «bon grain». Le travail sur son ombre consiste donc à dégager cette *parcelle d'or* des impuretés qui la recouvrent.

À l'origine de la sainteté, l'action du Soi

À plusieurs reprises, il a été question plus haut de l'importance de l'action du Soi dans le travail de réintégration de l'ombre. Peut-être serait-il éclairant de préciser davantage ici la nature et le rôle du Soi. Depuis Carl Jung et sous son influence, la psychologie admet de plus en plus l'existence d'une composante spirituelle de l'être humain que Jung nomme le Soi. Suivant les différentes traditions psychologiques et spirituelles, le Soi a reçu diverses appellations telles que «le Centre», «le Cœur de la personnalité», «l'Âme», «le Moi profond», «le Principe organisateur», «le Pouvoir de guérison», etc. Ainsi, avec Jung, l'ego (le moi conscient) n'occupe plus la place centrale qu'on avait tendance à lui donner. Il devient alors un élément au service du Soi.

Jung avait la conviction que le Soi est «l'image de Dieu» en chacun de nous. Le Soi recèle donc quelque chose de divin, faisant de chacun de nous un être sacré, unique et d'une valeur inestimable. Certains ont prétendu que Jung, en parlant ainsi, affirmait l'existence de Dieu. Il s'en est bien défendu. Son affirmation de l'existence du Soi divin découlait d'observations scientifiques des comportements humains. Or, Jung n'a jamais cru pouvoir déduire d'observations scientifiques l'affirmation métaphysique de l'existence d'un Être divin.

La psychologie a besoin de s'appuyer sur une saine spiritualité

Dans *Modern Man in Search of a Soul,* le psychologue suisse écrit que, dans les moments de grande détresse, l'homme a spontanément recours aux «grands systèmes de guérison que sont les grandes religions telles que le christianisme et le bouddhisme». Il poursuit en affirmant que tout ce que la sagesse humaine a pu inventer n'a jamais réussi à guérir les maladies d'ordre psychique les plus graves: «L'homme, écrit-il, ne peut réussir à soulager les souffrances seulement à la lumière de ce qu'il pense de lui-même, mais il doit tenir compte des révélations d'une sagesse plus grande que la sienne[45].»

---

45 C. G. JUNG, *Modern Man in Search of a Soul,* New York, A Harvest Book, 1969, p. 240-241.

Pour Carl Jung, le Soi divin étant constitutif de l'humanité, chaque tradition religieuse ou spirituelle en donne une description. Aussi, même l'athée, tout allergique qu'il soit à tout ce qui semble évoquer l'existence, la nature ou l'action de Dieu, peut y trouver son compte. Il verra dans le Soi une instance du psychisme humain qu'il appellera, selon sa croyance, «Amour», «Moi profond», «Sage» ou «Guide intérieur», etc.

Alors que la fonction du perfectionnement moral et social de la personne appartient à l'ego, le travail de l'harmonisation de la *persona* et de l'ombre est l'œuvre du Soi, en vertu de sa puissance créatrice, curative et organisatrice de toute la personne. Cependant, le Soi ne sera efficace que chez celui qui le considérera comme une réalité bonne, compatissante et pleine d'amour.

Qu'arrivera-t-il alors aux personnes qui s'en feront une idée terrifiante? Elles n'oseront jamais s'abandonner avec confiance à sa puissance d'intégration. De fait, j'ai rencontré des clients «incurables» sur le plan spirituel parce qu'ils étaient hantés par une sorte de Surmoi accusateur et tyrannique qu'ils appelaient leur «destin» ou leur «karma». Leur pessimisme spirituel les empêchait de croître. Seuls ceux qui considèrent leur Soi comme une réalité pleine de tendresse pourront accueillir adéquatement le côté sombre de leur personne.

Par opposition à une perfection résultant des efforts de l'ego, la sainteté serait l'effet de la grâce ou de l'action divine accueillie en toute liberté. Jacques Leclercq écrit ainsi à propos de cette distinction: «La perfection, c'est moi qui la fabrique pour moi; la sainteté, c'est Dieu qui me la donne. La perfection est au bout du chemin que je me suis tracé moi-même pour moi-même; la sainteté, elle, est donnée pour maintenant, pour tout de suite. La perfection est souvent humiliée [...] la sainteté ne l'est jamais [...] elle est humble[46].»

John Sanford, un des grands spécialistes jungiens de notre époque, déclarait au cours d'une conférence: «Dieu aime plus votre ombre que votre ego[47].» Il précisa sa pensée en ajoutant: «Dans une altercation, Dieu (qui habite le Soi) favorise davantage l'ombre que l'ego, parce que l'ombre, malgré son aspect dangereux, est plus près du Soi et est plus vraie[48].»

Et après la réintégration de son ombre?

Au début de cet ouvrage, je vous ai proposé de vous engager dans une aventure: celle de reconnaître votre ombre, de la rencontrer et de la réintégrer. Vous voilà parvenu au terme de la démarche. Cependant, il ne faudrait pas croire qu'elle est terminée. Car une fois que vous aurez réussi à réintégrer une partie de votre ombre, vous accéderez à un nouveau plan de conscience. Vous découvrirez alors un autre côté ombrageux de vous-même que vous aurez à réintégrer. Non, le travail sur l'ombre n'est jamais fini. Chaque fois que vous en aurez apprivoisé une partie, un

---

46   *Vie Chrétienne*, mars 1983.

47   John SANFORD, cité par Robert JOHNSON dans *Owning your Own Shadow: Understanding the Dark Side of the Psyche*, San Francisco, Harper, 1991, p. 44.

48   *Ibid.*, p. 45.

nouveau paysage de vous-même se dévoilera et demandera à être exploité.

Le travail réalisé sur votre ombre vous aura permis de pénétrer plus sûrement dans les profondeurs spirituelles de votre être. Une fois dépassées les ombres familiales, culturelles et nationales, il vous faudra entrer dans la zone d'ombre «contrasexuelle», c'est-à-dire dans celle qui soutient les traits du sexe opposé. Pour rejoindre les richesses de son Soi (de son Moi profond), l'homme aura à accueillir son *anima* (sa femme intérieure) avec son émotivité et sa sensibilité, tandis que la femme, de son côté, aura à embrasser son *animus* (homme intérieur) avec sa force, son courage et son initiative (voir le schéma de la page suivante).

Persona, ego, ombre, *anima* ou *animus* selon le genre du sujet, voilà autant d'étapes initiatiques, de jalons d'un itinéraire psychospirituel qui conduit au cœur de l'être qu'est le Soi. Parfois, nous serions tentés de croire que seule une élite intellectuelle est capable de se réaliser, de parvenir à son individuation, pour reprendre un terme jungien. Détrompons-nous, ce sont les gens capables d'une véritable ascèse dans les moments d'émergence de leur ombre qui parviennent à entrer en communion avec leur Soi. En effet, membre de l'élite ou non, celui qui réussit à vivre harmonieusement sa souffrance se voit, au moment de la rencontre avec son ombre, sans ses identités superficielles. Progressivement purifié du factice, il reconnaît peu à peu en lui sa nature divine et découvre sa mission dans le monde.

Conception du psychisme chez Jung

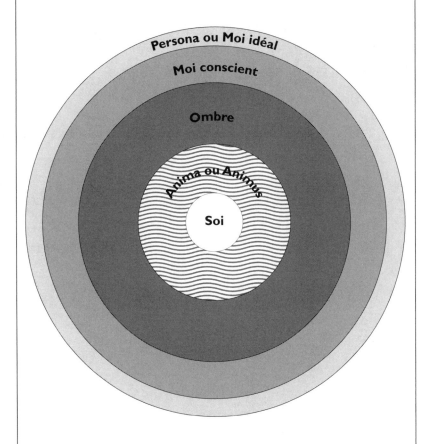

Persona ou Moi idéal

Moi conscient

Ombre

Anima ou Animus

Soi

L'Anima ou Femme intérieure

L'Animus ou Homme intérieur

= Les gardiens du Soi

Au terme de cet ouvrage, je vous invite à méditer les paroles inspiratrices de Jacques Grand'Maison, prêtre sociologue, sur les bienfaits de la réintégration de l'ombre: «Il y a des passages de l'ombre qui creusent une profondeur d'âme, une mémoire, un horizon et surtout une richesse intérieure capable de nous faire rebondir en goût de vivre, d'aimer, de lutter et de foncer dans l'avenir dans cette foulée de vie[49].»

---

49 GRAND'MAISON et al., *op. cit.*, p. 372.

Bibliographie

ANDREAS, C. (1994). *Core Transformation: Reaching the Wellspring Within.* Moab (Utah), Real People Press.

BLY, R. (1988). *A Little Book on the Human Shadow.* San Francisco, Harper and Row.

BOWLES, M. (1991). «The Organization Shadow». *Organization Studies,* 12, (3), p. 387-404.

BRADSHAW, J. (1992). *Retrouver l'enfant en soi. Partez à la découverte de votre enfant intérieur.* Montréal, Éditions du Jour.

BREWI, J. et A. BRENNAN (1988). *Celebrate Mid-Life: Jungian Archetypes and Mid-Life Spirituality.* New-York, Crossroad.

CÔTÉ, R. (1992). «Dieu chante dans la nuit: l'ambiguïté comme invitation à croire». *Concilium,* 242, p. 117-128.

DAHLKE, R. (1992). *Mandalas of the World. A Meditating and Painting Guide.* New York, Sterling Publishing Co.

DOOLING, D. M. (1979). «The Wisdom of the Contrary». *Parabola, the Trickser,* vol. 5, n° 1, p. 54-65.

EGAN, G. (1994). *Working the Shadow Side: A Guide to Positive Behind-the-Scenes Management.* San Francisco, Jossey-Bass.

FRANZ, M.-L. VON (1974). *Shadow and Evil in Fairy Tales.* Zurich, Spring Publications.

FRANZ, M.-L. VON (1980). *Projection and Re-Collection in Jungian Psychology: Reflections of the Soul.* La Salle, Illinois, Open Court.

FRANZ, M.-L. VON (1992). *Reflets de l'âme.* Orsay, Éditions Entrelacs.

GRAND'MAISON, J., L. BARONI et J. GAUTHIER (1995). *Les défis des générations: enjeux sociaux et religieux du Québec d'aujourd'hui.* (Cahiers d'études pastorales 15), Saint-Laurent (Québec), Fides.

GREEN, J., (1991). *L'homme et son ombre.* Paris, Seuil.

GUGGENBÜHL-CRAIG, A. (1971). *Power in the Helping Professions,* Dallas, Spring Publications.

HOPCKE, R. H. (1996). *Du moi masque social au Moi réel.* St-Jean-de-Braye, Éditions Dangles. Traduction de *Persona: Where Sacred Meets Profane* (1995). Boston, Shambhala Publications.

JOHNSON, R. A. (1991). *Owning your Own Shadow: Understanding the Dark Side of the Psyche.* San Francisco, Harper.

JUNG, C. G. (1969). *Modern Man in Search of a Soul.* New York, A Harvest Book.

JUNG, C. G. et al. (1968). *Man and his Symbols.* New York, Dell Publishing.

JUNG, C. G. (1963). *Memories, Dreams, Reflections.* New York, Pantheon Books.

JUNG, C. G. (1951). *Aion* (Collected Works, 9, Part II), Bollingen Series, Princeton University Press.

JUNG, C. G. (1938). *Psychology and Religion: West and East* (Collected Works, 7), Bollingen Series, Princeton University Press.

IDEL, M. (1992). *Le Golem.* (coll. Patrimoines judaïques), Paris, Cerf. Traduction de *Golem: Jewish Magical and Mystical Traditions on the Artificial Anthropoid* (1990). Albany (N. Y.), State University of New York Press.

KOPP, S. (1982). *Mirror, Mask and Shadow. The Risk and Rewards of Self-Acceptance.* New York, Bantam New Age Book.

MILLER, W. A. (1981). *Make Friends with Your Shadow: How to Accept and Use Positively the Negative Side of Your Personality.* Minneapolis, Augsburg.

MILLER, W. A. (1989). *Your Golden Shadow: Discovering and Fulfilling Your Undeveloped Self.* San Francisco, Harper and Row.

MATTOON, M. A, (éd.) (1987). *The Archetype of Shadow in a Split World.* Tenth International Congress for Analytical Psychology (Berlin, sept. 1986). Zurich, Daimon Verlag.

MOORE, R. L. (éd.) (1988). *Carl Jung and Christian Spirituality.* New York, Paulist Press.

NAIFEH, S. (1995). «Archetypal Foundations of Addiction and Recovery». *Journal of Analytical Psychology,* 40, 133-159.

NEUMANN, E. (1969). *Depth Psychology and a New Ethic.* New York, Harper.

PERERA, S. B. (1986). *The Scapegoat Complex. Towards a Mythology of Shadow and Guilt.* Toronto, Inner City Books.

RICHO, D. (1999). *Shadow Dance. Liberating the Power and Creativity of your Dark Side.* Boston, Shambhala.

SANFORD, J. A. (1981). *Evil: the Shadow Side of Reality.* New York, Crossroad.

SANFORD, J. A. (1987). *The Strange Trial of Mr. Hyde: A New Look at the Nature of Human Evil.* San Francisco, Harper and Row.

SWEENEY, R. (1988). *You and Your Shadow.* Cincinnati, St. Anthony Messenger Press (2 cassettes).

VIELJEUX, J. (1988). «La *persona*». *Cahiers jungiens de psychanalyse,* 58, 3ᵉ trimestre, p. 3-18.

WHITMONT, E. C. (1991). *The Symbolic Quest.* Princeton, Princeton University Press.

WILBER, K. (1982). *The Spectrum of Consciousness.* Wheaton (U.S.A.), Theosophical Publishing House.

WINNICOT, D. W. (1974). *Processus de maturation chez l'enfant.* Paris, Payot.

WOLFF-SALIN, M. (1988). *The Shadow Side of Community and the Growth of the Self.* New-York, Crossroad.

ZWEIG, C. et J. ABRAMS (éd.) (1991). *Meeting the Shadow: The Hidden Power of the Dark Side of Human Nature.* Los Angeles, Jeremy P. Tarcher.

ZWEIG, C. et S. WOLF (1997). *Romancing the Shadow.* New York, Ballantine Wellspring.

Table des matières

AGMV Marquis

MEMBRE DE SCABRINI MEDIA

Québec, Canada
2003